U0589208

名校名师
导读书系

徐井才◎主编

名人传

（法）罗曼·罗兰 著

THE BIOGRAPHY OF CELEBRITY

新华出版社

图书在版编目（CIP）数据

名人传/徐井才主编．
—北京：新华出版社，2012.12（2023.3重印）
（名校名师导读书系）
ISBN 978－7－5166－0216－4－01

Ⅰ. ①名… Ⅱ. 徐… Ⅲ. ①贝多芬，L. V. （1770~1827）
—传记—缩写 ②米开朗基罗，B. （1475~1564）—传记—缩写
③托尔斯泰，L. N. （1828~1910）—传记—缩写 Ⅳ. ①K811

中国版本图书馆 CIP 数据核字（2012）第 288513 号

名人传

主　　编：徐井才

封面设计：睿莎浩影文化传媒　　　责任编辑：张永杰

出版发行：新华出版社
地　　址：北京石景山区京原路 8 号　　　邮　　编：100040
网　　址：http：//www.xinhuapub.com
经　　销：新华书店
购书热线：010－63077122　中国新闻书店购书热线：010－63072012

照　　排：北京东方视点数据技术有限公司
印　　刷：永清县晔盛亚胶印有限公司

成品尺寸：165mm×230mm
印　　张：12　　　　　字　　数：160 千字
版　　次：2013 年 3 月第一版　印　　次：2023年3月第三次印刷
书　　号：ISBN 978－7－5166－0216－4－01
定　　价：36.00 元

目　　录

列夫·托尔斯泰传

名师1+1导读方案

作家编委会＋优秀教师编委会＝名师1＋1
为广大学生制订行之有效的**名著阅读方案**

名著阅读四大要点

一、通过名著作品了解丰富的社会生活
二、把握人物形象的塑造
三、品味文学作品的语言
四、体会其他艺术特色

一、通过名著作品了解丰富的社会生活

文学作品反映了广阔的历史画面，展现了丰富的社会生活。阅读名著作品，要注意把握作品的主要内容，了解作品所反映的社会生活。

1. 了解作品中所展现的社会生活

文学作品往往通过设置重要的情景以及典型事例来反映社会问题，揭示相关的社会现象。阅读名著，要注意把握作品的主要内容，了解作品所反映出来的丰富的社会内容。

三位伟人传奇的
人生经历 ➡

《名人传》分别记叙了贝多芬、米开朗基罗、列夫·托尔斯泰苦难和坎坷的一生。作者罗曼·罗兰从多个方面描写了这三位伟人生活的不同历史时代背景和不同的民族文化背景，记述了他们在各自所处的时代所遭受的挫折，为我们展现了一幅幅波澜壮阔的社会历史图卷。

2. 体会作者在作品中所表达的思想和情感

文学作品在反映社会生活的同时也饱含了作者的思想和情感，体现出作者对社会生活的评价和态度。阅读名著时要注意把握其中心思想。

《名人传》赞美了三位伟人与命运抗争的崇高勇气和担荷全人类苦难的伟大情怀 ➡ 作者以饱满的热情写到的三位英雄都是饱受痛苦折磨的人，但他们却在痛苦中为人类创造了不朽的精神财富。作品表达了作者对这三位伟人的无比敬仰之情。

《名人传》表达了作者希望读者能从这些伟人的生涯中汲取生存的力量和勇气的心情 ➡ 作者通过记述三位伟人在苦难面前的坚忍，告诉我们在一个人人躲避崇高、告别崇高而自甘平庸的社会里，《名人传》所呈现的这些巨人的生涯就像是一面明镜，使我们能体察到自己的卑微与渺小，激励我们去追求丰富而伟大的人生。

二、把握人物形象的塑造

人物形象的塑造是评价文学作品的一个重要标准，学会分析品评人物形象是阅读名著作品能力的体现。阅读名著作品，要抓住人物形象进行解读，深入分析人物的性格特点，从而加深对作品主要内容和中心思想的理解。

1. 人物形象的主要性格

塑造人物形象成功与否的一个关键点就是看人物是否具有鲜明的性格特点。一个能给读者留下深刻印象的人物形象必定是具有某些不可替代性的，具有其他人物所没有的个性特征。

贝多芬：坚忍不拔，默默承受苦难 ➡ 音乐家最重要的器官损坏了，贝多芬却不敢表露出来，不敢让人知道，为此，他只好选择离群索居。然而耳聋后的一次演出几乎毁了他。他没有知音，甚至连朋友也没有。但是，贝多芬接受了现实，承受了上天给予他的痛苦的命运，创作出不朽的名曲。因此，他是英雄。

米开朗基罗：生性敏感，对艺术充满执著的热情 ➡️

> 米开朗基罗有着对自己行为的极端厌弃，因为他认为自己是一个十足的弱者、一个十足的懦夫。心灵的折磨，疯狂地工作，他的一生饱经苦难。当他将这种悲观倾注于他的作品中，他成为了举世瞩目的伟大雕塑家。

托尔斯泰：孤独，内心矛盾，对下层人民充满同情 ➡️

> 托尔斯泰很早就拥有了财富、荣誉与地位，但他却不断地解剖自己，不断地忏悔，以致为了自己的信仰抛弃了家庭，抛弃了世俗的欢乐，最后做了一个离家出走的耄耋老者，客死荒郊。但是他在精神上是富足与高贵的。

2. 人物性格的复杂性

文学总是要反映生活的复杂性，人物的刻画也是如此。一个成功的人物形象不仅具有鲜明的性格特点，也具有人性的复杂性与矛盾性。

米开朗基罗：生性多疑、胆怯谨慎 ➡️

> 米开朗基罗出生于佛罗伦萨一个古老家族，他生性多疑、胆怯谨慎，从来不敢与有权势的人在政治、宗教甚至日常事务方面发生正面冲突，他小心翼翼生活，不敢得罪权贵。在一切行动和思想上，他都优柔寡断。

米开朗基罗：对艺术极端热情、极端自负 ➡️

> 在绘画、雕塑领域，他是无人匹敌的大师，但他与哪个艺术家都合不来，先是跟达·芬奇闹翻了，后又跟拉斐尔反目。他是一个工作狂，凡事都要亲自来。他甚至在年老体弱时还亲自到采石场去筑路运石。

三、品味文学作品的语言

语言的成功运用是文学作品成熟的标志，对文学语言的把握和理解是阅读能力的一种重要体现。把握名著作品的语言可以感受作者个性化的语言特色，可以体会作者复杂的情感和独到的感受。

《名人传》语言精练，富有哲理 ➡ 比如"他们固然由于毅力而成为伟大，可是也由于灾患成为伟大"，"没有伟大的品格，就没有伟大的人，甚至也没有伟大的艺术家，伟大的行动者。"精练而直白的语言，使我们能够很容易地把几位伟人的事迹联系起来，直白中又蕴含深刻的哲理。

四、体会其他艺术特色

情节叙述的技巧、情景交融的运用、结构的安排等等都可以增添文学作品的亮点，甚至可以起到点石成金的作用。所以在把握文学语言之外还要注意体会其他的一些艺术特色。

独特的表现人物的手法 ➡ 在罗曼·罗兰创作的传记中，每一个主人公都是被当做自己民族、自己时代的产物加以描写的。将人物置身于历史与时代的大潮中，人物形象更加丰满、有血有肉。

既是学术著作又是文学作品 ➡ 罗曼·罗兰用了大量的、许多方面对于读者来说都是新的真实的资料，并运用主人公的原诗、同时代人的证明从侧面描写人物，使主人公更加清晰、独特地出现在读者面前。

这套阅读学习方案是紧扣语文新课标来为大家制订的，它体现了语文新课标的阅读要求，抓住了语文新课标的能力要点，把名著阅读与语义学习紧密结合，能够快速提高你的语文成绩！

名著阅读能力提升要点

阅读能力提升要点	理解词语的深层含义
	体会关键语句的作用
	准确把握文章内容
	深刻体会作者思想情感
	感受作品的艺术特色
	对人物形象做出自己的评价
写作能力提升要点	扩大知识面，积累写作素材
	拓展思维，巧妙构思立意
	勇于创新，充分发挥想象力
	巧用修辞，使语言生动形象
	准确描述，灵活运用表达方式
	感情真挚，真实表达思想情感

贝多芬传

一心向善，爱自由高于一切。

即使为了王座，也绝不背叛真理。

——贝多芬

  他个子矮小，身体粗壮，一副运动员的结实骨架。一张土红色的阔脸庞，只是到了年纪大时脸色才变得蜡黄病态，特别是在冬季，当他待在居室内，远离田野的时候。他额头隆起而宽广，棱角分明，头发乌黑，厚实浓密，好像梳子从未在上面光临过。他的双眼闪烁着一种神奇的力，使所有看到它们的人都为之震慑；由于两只眼睛在一张褐色悲壮的脸上放射出一道粗野的光芒，人们一般都以为他的眼睛是黑色的；其实这双眼睛不是黑色的，而是灰蓝色。这两只很小而又深陷的眼睛兴奋或愤怒时会突然变大，在眼眶里转动，映出它们夹带着的一种奇妙真理的全部思想。他常用忧郁的目光向天凝视，鼻子宽而方，竟像是一头狮子的相貌。他有着一张细腻的嘴巴，可是下嘴唇比上嘴唇向前突出。他的牙床非常结实，好像连核桃都能咬碎；下巴左边还有一个深深的酒窝儿，使脸看上去很不对称。他的朋友莫舍勒斯说："他笑起来很甜，交谈时，常带着一种可爱而鼓舞人的神情。但另一方面，他的笑却是粗野的、难看的，并且总是稍纵即逝。——那是一个不习惯欢乐的人的笑。"他通常的表情是阴郁的，像"一种无法医治的忧伤"。1825 年，雷斯塔伯说看见"他温柔的眼睛及其揪心的痛苦"时，需要竭尽全力来忍住流泪。一年后，布劳恩·冯·布劳恩塔尔在一家小酒店里碰到他，他正坐在一个角落里，抽着一支长烟斗，双眼紧闭，仿佛随着死神的临近，他越来越这样了。有个朋友跟他说话，他凄然地微微一笑，从口袋里掏出一个小小的谈话本，并用聋子常有的尖声让对方把想要他做的写下来。他的脸色变化无常，时而平静，时而肌肉抖动，或是突然有灵感出现，甚至是在街上，会使行人吓一大跳；或是他正弹琴被人撞见的时候。"面部肌肉常常隆起，青筋暴跳，野性的眼睛变得分外吓人，嘴唇发抖，一副被自己召来的魔鬼制伏的巫师的神态。"如同莎士比亚作品中的人物形象。尤利乌斯·贝内迪克特说他"像李尔王"。

童 年

1770 年 12 月 16 日，贝多芬生于邻近科隆的波恩的一所破旧小屋的阁楼上。他出生于一个音乐世家，祖父二十岁时来到了波恩，做了当地大公的乐长；父亲是个既无才华而又酗酒的男高音歌手；母亲是个女佣，一个厨师的女儿，第一次嫁给一个男仆，丈夫死了之后才改嫁给贝多芬的父亲。

苦难的童年，缺少莫扎特那样的家庭温暖。命运似乎是有意地捉弄他，从一开始起，人生于他就像一场凄惨而残暴的战斗似的。父亲想开拓他的音乐天分，总是把他当做神童一样四处炫耀。四岁时，父亲就把他一连几个小时地钉在钢琴前，或者给他一把小提琴，把他关在房间里，他就整天地坐在钢琴前，或用一把小提琴进行着无休止的枯燥乏味的练习。听到外面小朋友玩耍的嬉闹声，他是多么希望能和小朋友一同玩耍，但是这些练习压得他透不过气来。他差一点儿因为这而永远厌恶艺术。父亲必须使用暴力才能使贝多芬学习音乐，有时粗暴地向他大叫，有时用皮鞭抽打他。尽管贝多芬很爱音乐，但父亲的严厉使他觉得练琴是一件残忍的事情，已经失去了音乐本身所具有的欢乐。十一岁时，他进了剧院乐团；十三岁时，他当了管风琴手。他总算不厌恶音乐，这算非常幸运的事了。1787 年，贝多芬的母亲因为肺病去世了，这对年轻的贝多芬是一个沉重的打击。他失去了他热爱的母亲。"对我来说，她是那么善良、那么值得爱戴，我的最好的朋友！啊，当我会喊'妈妈'这个甜蜜的称呼，而她又能听得见的时候，谁能比我更幸福呀？"而且他

名师导读

此处仅以一句话对贝多芬的一生作出形象的概括，以"战斗"一词来突出贝多芬一生所经历的磨难，为下文埋下伏笔。
【埋下伏笔】

"钉"字用得好，生动地表现了父亲对贝多芬教育之严格。
【用词准确】

以反问的形式抒发出贝多芬对母亲的深厚感情，读来令人心情沉重。这样写，对于一个幼年丧母的孩子充满无限同情和怜悯。
【反问修辞】

名师导读

认为自己也染上了与母亲同样的病，他常常觉得不舒服，从这时起，一种对人生的莫名的忧郁开始折磨他的精神和肉体。十七岁的时候，他成了一家之主，担负起对两个弟弟的教育重任。他不得不羞愧地要求酗酒成性的父亲退休，因为他的父亲因酗酒而不能主持家事，人家甚至怕他父亲挥霍，连父亲的养老金都要他来领取。这一件件的悲惨事在他心中留下了深刻的印痕。为了维持家庭的生计，他在波恩的一个人家找到了一个亲切的依托，他遇到了让他珍视一生的布勒宁一家。这个家族中有一个比贝多芬小两岁的可爱的女孩儿，叫埃莱奥诺雷·德·布勒宁。他教她音乐，并领她走向诗歌。她是他童年的伙伴，也许二人之间有了一种十分温柔的感情。埃莱奥诺雷后来嫁给了韦格勒医生，后者也是贝多芬的好友之一，直到最后，他们之间都一直保持着最纯洁的友谊。这可以从韦格勒和埃莱奥诺雷与忠实的老友之间的书信往来得到印证。当三个人都垂垂老矣时，友情更加显得动人，而且心灵仍如从前一样的年轻。

尽管贝多芬的童年非常悲惨，可是他对童年、对童年待过的地方，始终保存着一种温馨而凄凉的回忆。后来他被迫离开波恩，来到了维也纳，他几乎一生都住在这里。在大都市维也纳及其无聊的近郊，他从未忘怀过莱茵河谷以及他称之为"我们的父亲河——莱茵河"。莱茵河仿佛一个人流淌的灵魂，给了他无穷的思想和力量，他亲切地称莱茵河为"父亲"。在这里，贝多芬度过了他生命的头二十年。在这里，他少年的心灵之梦形成了——那一片片的草原好像懒洋洋地漂浮在水面上，白雾笼罩的白杨、矮树丛和垂柳，以及果树，都把它们的根浸泡在平静但湍急的水流中——还有那些村庄、教堂，甚至墓地，也懒洋洋地睁着好奇的眼睛俯瞰着河岸——而在远处，蓝色的七峰山在天空里绘出昏暗的身影，山上已成废墟的古堡矗立着，瘦削而古怪的轮廓显现出来。他的心永远地维系在这

> 拟人手法的运用使得莱茵河畔那美丽、平静的风光跃然纸上。同时也体现出童年贝多芬对于祖国无限的热爱和眷恋。【拟人修辞】

片土地上，直到生命的最后一刻，他仍梦想着再见到它，但始终未能如愿。贝多芬在给他朋友的信中曾经说："我的祖国，我出生的美丽的地方，在我眼里，始终与我离开它时一样的美丽、一样的明亮。"

名师 伴你读

品读与赏析

本节重在对贝多芬进行简单的介绍，叙述了他的家世背景。但简单的介绍中也有落笔的重点，着重突出了他童年的不幸。在父亲粗暴的教育方式下学习音乐、幼年丧母、被迫承担起家庭的重担，这些对于年幼的贝多芬是极度残忍的事情，但他并没有因此而沉沦。也许正因为如此，才培养了贝多芬坚毅而顽强的品格，让他在人生的道路上冲破艰难，战胜命运。

学习与借鉴

1. 拟人手法：拟人手法的运用使得莱茵河畔的一切充满活力，从中我们似乎明白了贝多芬为什么一生心系这里，期待再一次回归这片神圣而美好的土地。

2. 铺垫：对于贝多芬童年不幸生活的描述，不仅为贝多芬一生多舛的命运作了铺垫，也让我们对这位伟大的音乐家心生敬佩，生活的艰辛更反衬了他精神的坚强。

命运叩门

1789年，法国大革命爆发了，它席卷了整个欧洲，同样大革命也占据了贝多芬的心。波恩大学是新思想的中心。贝多芬于1789年5月14日注册入学；他听未来的下莱茵州检察官、著名的厄洛热·施奈德教授在该校上的德国文学课。当攻克巴士底狱的消息传到波恩时，施奈德在课堂上朗诵了一首激情昂然的诗，激起了同学们的热情。第二年，施奈德发表了一本革命诗集。在预订者的名单中，可以看到贝多芬和布勒宁家人的名字。

1792年11月，当战争蔓延到波恩的时候，贝多芬离开了故乡，前往音乐之都维也纳，在那儿定居下来。在这期间，贝多芬一直受着爱国情绪的影响。1796年和1797年，他把弗里贝格的战斗诗篇谱成了两首音乐作品：一首《出征歌》和一首合唱曲《我们是伟大的德意志人民》。即使他想歌颂大革命的敌人也是枉然，大革命已征服了世界，征服了贝多芬。自1798年起，虽然奥地利和法国的关系非常紧张，但贝多芬仍同法国人、使馆和刚到维也纳的贝尔纳多特将军过从甚密。与这些人的交往，他的共和派情感更加坚定，而且人们可以看到在他以后的岁月中，这种情感得到了更有力的发展。

这一时期，施坦豪泽替贝多芬画的一张肖像相当精确地反映出他当时的形象。与贝多芬以后的画像相比较，恰如盖兰画的波拿巴之于后来的那些拿破仑肖像。拿破仑在那张画上，面部表情严峻，激情似火，野心勃勃。画中的贝多芬比实际年龄显得小，瘦瘦的，笔挺的上衣的高领使脖颈显得有些僵直，目光不屑和紧张。他深知自己的价值，非常相信自己的力量。1796年，他在笔记里这样写道："拿出勇气来，尽管身体虚弱，但我的才华必将获胜！……二十五岁，现在已经到了！我二十五岁了……人必须在这一年显示出他的完整的人来。"伯恩哈德夫人和格林克说他很目空一切，举止粗俗，态度阴郁，说话时带有很重的外地口音。只有他的几个密友了解他藏匿在这种傲然的笨拙下的善良心地。他将自己获得的成功写信告诉韦格勒时，脑子里出现的第一个念头便是："比如，我看见一个朋友手头拮据：如果我的经济能力使我无法立即接济他的话，我就只要坐到书桌前，不大一会儿，我就使他摆脱了困境……你看这有多美。"随后，他又写道："我的艺术应该为穷人们的利益作出贡献。"

此时，病痛已在叩门，且一旦上身便不再离去。在 1796 年到 1800 年间，耳聋症开始肆虐，耳朵昼夜不停地嗡嗡直响，他的内脏也使他痛苦不堪。他的听力越来越衰退。有好几年工夫，他都没把这事告诉任何人，连他最亲爱的朋友都没告诉。他总躲着别人，免得自己的残疾被人发现，他独自深藏着这个可怕的秘密。但是，1801 年时，他无法再隐瞒了。在绝望之中，他把这个秘密告诉了他的朋友中的两位——韦格勒医生和阿曼达牧师：

"我亲爱的、我善良的挚友阿曼达……我多么希望你能常常待在我的身旁啊！你的贝多芬真的太不幸了。你知道，我自身的最高贵的部分，我的听力，大大地衰退了。我们常在一起的时候，我就已经感觉到有点儿病兆了，但我一直瞒着；但这之后，就越来越糟糕……我能治好吗？我当然是抱着这一幻想的，但希望渺茫，这样的一些疾病是最无法医治的。我不得不悲惨地生活着，躲开我所热爱和珍惜的一切，在这如此悲惨而又自私的世界里！……我得隐藏在凄惨的听天由命之中！当然，我确实是想过要战胜所有这些灾祸，但这又如何可能呢？……"

在写给韦格勒的信中，他这样写道："……我过着凄惨的生活。两年来，我避开所有的交往，因为我无法与人交谈：我是个聋子。如果我从事的是另一种职业，那还有几分可能，但以我目前的职业来说，这是一种可怕的情况。我的仇敌不少，他们对此会说些什么！……在剧院里，我必须坐得特别靠近乐队才行，否则我就听不见演员们说话。如果我坐得稍微远一点儿的话，我连乐器和歌声的高音都无法听见……当别人轻声说话时，我几乎听不见，但要是别人大声喊叫时，我又难以忍受……我常常诅咒自己的一生……普吕塔克教导我忍受一切。如果可能，我却想同命运挑战，但是，在我一生中的有一些时刻，我是上帝最可怜的造物……听天由命！多么悲惨的隐忍啊！然而，这却是我所剩下的唯一的路！"

这种悲苦的情绪流露在当时的几部作品里，如作品第十三号的《悲怆奏鸣曲》（1799 年），尤其作品第十号的钢琴曲《第三奏鸣曲》中的广板（1798 年）。奇怪的是并不是所有的作品都带有这种愁苦，还有许多作品，诸如欢快的《七重奏》（1800 年）、清澈的《第一交响乐》（1800 年）等，都反映着一种年轻人的无忧无虑。毫无疑问，心灵需要时间来适应痛苦，它多么需要欢乐，所以没有快乐的时候，只能自己来制造。当"现在"太残酷的时候，它就在"过去"生活。过去的幸福时光不会一下子消失，它们的光芒在不复存在之后仍将长久地照耀着。在维也纳羁旅的贝多芬，常隐忍于对故乡的回忆之中，他当时的思想中充满了对故乡的思念。《七重奏》中带变奏曲中的"行板"，其主题就是一支莱茵地区的歌曲。《第一交响曲》也是一个赞美莱茵河的作品，是青少年笑迎梦幻的诗歌。它是快乐的、慵懒的，人们在其中可以体味出取悦于人的那种欲念和希望。但是，在某些段落中，在引子里，在某几种低音乐器的明暗对比里，在荒诞的谐谑曲里，人们多么激动地发现那青春的面庞上显露的未来天才的目光。那是米开朗基罗在《圣家庭》中所画的圣婴的眼睛，从中已经认为可以看出未来的悲剧。除了肉体的痛苦，又增添了另一种苦痛。韦格勒说他从未见过不带强烈感情的贝多芬。这些激情似乎一直是纯洁无邪的。激情和欢娱之间毫无相干。现在人们将两者混为一谈，那证明大多数人愚昧无知，不懂得激情以及激情之难求。贝多芬内心多少有些清教徒的色彩，粗俗的谈论和思想令他厌恶。在爱情的神圣方面，他有着一丝不苟的看法。据说，他不能原谅莫扎特，因为后者糟蹋自己的才华去写《堂·璜》。他的挚友辛德勒肯定地说："他带着一种童贞走过了一生，从未有过任何脆弱需要责备自己的。"这样的一个人生来就要受到爱情的欺骗，是爱情的受害者。他就是这样，他不断地痴情地去恋爱，他不断地梦想着幸福，但幸福一旦破灭，随即便是痛苦的煎熬。必须在那种爱情和高傲的反抗的交替之中去寻找贝多芬最丰富的灵感的源泉。

　　1801 年，他钟情的对象好像是朱丽埃塔·居奇亚迪，他那支著名的《月光奏鸣曲》的佳作（第二十七号之二，1802 年）题献给了她。他在给韦格勒的信中写道："现在我生活有意思多了，和别人来往也多了……这种变化是一位亲爱的姑娘的魅力促成的，她爱我，我也爱她，这是我两年来所拥有的初次幸福时光。"他为此却付出了巨大的代价。首先，这段爱情使他更深地感觉到自己残疾的可悲，以及使他不可能娶这个他所爱的女子的境况之艰难。其次，朱丽埃塔风骚、稚气、自私，她使贝多芬很痛苦；而且，1803 年 11 月，她嫁给了加伦贝格伯爵。这类激情摧残着心灵，而像贝多芬那样，心灵已经被病魔弄得脆弱了的时候，这类激情有可能把心灵给毁灭了。这是他一生中唯一的似乎要一蹶不振的时刻。他经历了一场绝望的危机，我们从他的一封信中了解了这一点，那是他当时写给他的两个弟弟卡尔和约翰的遗嘱，上面注明"待我死后方可拆阅并执行"。这是反抗的呼声也是撕心裂肺的痛苦的呐喊。听见这种呐喊不能不让人悲从中来。他几乎要去结束自己的生命，只是他那不屈不挠的道德情操阻止了他。他痊愈的最后希望破灭了。"甚至曾一直支撑着我的那崇高的勇气也消失了。啊，主啊，给我一天真正的欢乐吧！我已经很久没有听到欢乐那深邃的声音了！什么时候，啊！我的上帝，什么时候我再能见到它啊？……永远也见不到？——不，这太残忍了！"

　　这是垂死的哀鸣，但贝多芬又活了二十五年，他那坚强的性格不可能屈服于挫折。"我的体力比以往更加随着智力的发展而增强……我的青春——是的，我感觉到它了——才刚刚开始。我每天都在接近我能够隐约看到但又无法确定的目标……啊！如果我能摆脱这病魔，我将拥抱世界！……没有任何休息！除了睡眠，我不知道什么叫休息，可我很不幸，不得不比以前更多地花时间睡觉。只要我能从我的病魔中解脱一半，那就睡吧！……不，我将忍受不了病痛了，我要扼住命运的咽喉。它将无法使我完全屈服……啊！千百次地享受人生是多么的美好啊！"

这爱情、这痛楚、这意志、这颓丧和高傲的情绪、这内心的悲剧，都反映在1802年他所写的伟大作品之中：附有《葬礼进行曲》的《奏鸣曲》（作品第二十六号）；称做《月光曲》的《幻想奏鸣曲》（作品第二十七号）；《第二奏鸣曲》（作品第三十一号），包括仿佛一场雄伟和哀婉的独自的戏剧化的吟诵；题献给亚历山大大帝的提琴奏鸣曲（作品第三十号）；《克莱采奏鸣曲》（作品第四十七号）；根据格莱尔的词谱的六支英勇悲壮的宗教曲（作品第四十八号）。1803年的《第二交响曲》则更多地反映了他年少时的爱情，可以感觉得到，他的意志占了上风，一种不可抗拒的力量把他那阴郁的思想一扫而空，生命的沸腾掀起了音乐的终曲。贝多芬渴望幸福，不愿相信自己的不幸是无法医治的。他渴望治愈，渴求爱情，心中充满着希望。

名师伴你读

品读与赏析

经历了大革命的洗礼、耳聋的折磨、爱情的失意，贝多芬的青年时代相比较于他童年的不幸并没有改变，反而再一次跌到了生活的谷底。无论从他写给友人的信中，还是从他的音乐创作中，我们都可以见到他对命运的悲哀和对幸福的渴望。特别是他那"我要扼住命运的咽喉"的呐喊，尤为震撼人心。本节对于贝多芬一生命运的塑造起了很大作用，是贝多芬人生的重大转折。

学习与借鉴

1. 语言描写：文章真实而生动地再现了主人公当时的心理状态，让我们在阅读的同时仿佛也看到了一个在痛苦边缘挣扎的贝多芬。

2. 感情真挚：文章更加有渲染力，让读者容易产生共鸣，从而引发对贝多芬的无限同情。

痛苦和爱情

在这些作品中，让人产生强烈印象的是，有好几部进行曲的节奏特别强烈，这在《第二交响曲》的快板和终曲中是如此，在《献给亚历山大大帝的奏鸣曲》的第一章中更加突出。这种音乐所特有的英雄气概使人联想到产生它的那个时代。大革命正在抵达维也纳，贝多芬为它所激动。赛弗里德骑士说道："他在亲朋好友中间主动谈论政局，他用罕见的聪颖、清晰明确的目光评判着。"他所有的同情都倾注于革命思想。晚年时最了解他的朋友辛德勒也这样说："他喜欢共和原则。他支持无限制的自由和民族的独立……他希望大家齐心协力创建共和的政府……他希望在法国举行全民选举，希望波拿巴能把这种选举搞起来，从而奠定起人类幸福的基础。"他像革命的古罗马人，受着普吕塔克思想的熏陶，梦想着一个由胜利之神——法国的第一执政——建立的英雄共和国，因而他一连写出了《英雄交响曲：波拿巴》（1804 年）、史诗和《第五交响曲》的终曲，光荣的史诗。这是第一支真正的革命乐曲——时代精神在其中得以再现，重大的事件在伟大而孤独的巨人心中显得极其强烈和纯洁，即使与现实接触也毫不减弱。贝多芬的面容在其中显现着，带着史诗般的战争色彩。在他这一时期的作品中，到处都有着它们的影子，也许他自己并不知道：在《科里奥兰序曲》（1807 年）中，暴风雨在呼啸；在《第四四重奏》（作品第十八号）中，其第一章就与这个序曲有许多的相似之处；在俾斯麦谈到的《热情奏鸣曲》（作品第五十七号，1804 年）中也是如此，俾斯麦曾说："如

《英雄交响曲》只是个因子，一个象征，真正的英雄还是贝多芬自己。【语句理解】

名师导读

借他人之口表现出贝多芬音乐中的激昂力量和勇猛斗志。【引用修辞】

果我能经常地听它，我会永远英勇顽强的。"在《埃格蒙特序曲》，直至《降 E 大调钢琴协奏曲》（作品第七十三号，1809 年），连技巧的炫耀都是壮烈的，仿佛千军万马奔腾而过。而这又有什么好惊讶的呢？贝多芬在写关于一位英雄之死的《葬礼曲》（作品第二十六号）时，比《英雄交响曲》中的英雄更加值得歌颂的将军霍赫即将战死在莱茵河畔，其纪念碑现在仍矗立在科布伦兹和波恩之间的一座小山丘上——贝多芬就是在维也纳也目睹了两次革命的胜利。1805 年 11 月，歌剧《菲岱里奥》首演时，法国军官前往观赏。住在洛布科维兹家里的是巴士底狱的攻克者于兰将军，洛布科维兹是贝多芬的朋友和保护人，他把他的《英雄交响曲》和《第五交响曲》题献给了他。1809 年 5 月 10 日，拿破仑驻军舍恩布伦。不久，贝多芬便对法国的征服者产生了憎恶之情，但仍然狂热地崇拜他们史诗般的业绩。没有他这种感情的人，对他那歌颂行动与胜利的音乐只可能一知半解。

贝多芬突然中止了他的《第五交响曲》的创作，摒弃了习惯手法，一口气写下了《第四交响曲》。他眼前出现了幸福的曙光。1806 年 5 月，他与泰蕾兹·德·布伦威克订了婚。贝多芬移居维也纳初期，泰蕾兹还是小姑娘，跟他上过钢琴课。从这个时候起，她便爱上了他。

1806 年，贝多芬与泰蕾兹兄妹俩在匈牙利的马尔车瓦萨家里做客，在那里他们相爱了。他的那些幸福时日的回忆保存在泰蕾兹·德·布伦威克的一些叙述中。她说道："一个星期天的晚上，晚饭过后，月光如水，贝多芬坐在钢琴面前，他先是用手平抚了一遍琴键。弗朗索瓦和我都了解他的这一习惯。他总是这么弄一下再弹奏的。然后，他在低音部敲了几个和音，接着，他缓缓地带着一种神秘的庄重神情，弹奏一曲塞巴斯蒂安·巴赫的作品：'如果你把心献给我，先悄悄地相传，我俩心灵相通，勿为别人所知。'"

"我母亲和教士都已入睡，我哥哥正严肃地定睛思考，而我，被他的歌声和目光穿透，感到生活幸福无比——第二天早上，我们在花园中相遇。他对我说道：'我正在写一部歌剧。那个主角已在我心中，在我面前，不论我到何处，不论我在何处驻足，我从未达到过这么高的境界。一切都充满着光明、纯洁、明亮。在这之前，我如同童话中的那个孩子，只顾捡石子，不看路上盛开着的鲜花……'那是1806年5月，征得我亲爱的哥哥弗朗索瓦的同意，我成了他的未婚妻。"

这一年写成的《第四交响曲》是一朵清纯的花儿，散发着他一生中的这些平静日月的芬芳。人们从中正确无误地发现，贝多芬那时正在竭尽全力地把自己的才华与一般人在前辈们所传下来的形式中所认识和喜爱的东西协调一致。源自爱情的这种同样的调和精神对他的行为和生活方式发生着影响。赛弗里德和格里尔巴泽说，他兴趣盎然，积极乐观，很风趣，待人接物彬彬有礼，对讨厌的人也能容忍，穿着颇为考究。他迷惑了他们，竟致未能察觉他的耳聋；他们说他身体很好，只是有点儿近视。梅勒当时为他画的一张肖像，也是这副带有一种浪漫的高雅、稍微有点儿不自然的神态。贝多芬希望诗人喜欢，并且知道自己已博得欢心。狮子在恋爱：它藏起自己的爪子。但是，人们在他的眼睛里，甚至在《第四交响曲》的梦幻和温柔之中，仍感到那可怕的力量，那任性的脾气，那愠怒的俏皮话。

这种深邃的平静并未持续多久，不过，爱情的亲切影响倒是一直延续到1810年。无疑，多亏了这一影响贝多芬才获得自制力，使他的才华结出了最美好的果实，诸如：那古典悲剧《第五交响曲》；夏日的那神圣的梦——《田园交响曲》（1808年）；还有那《热情奏鸣曲》，那是受到了莎士比亚的《暴风雨》的启迪写成的，他把它视做他的奏鸣曲中最强劲有力的一首，发表于1807年，并题献给泰蕾兹的。他把富于梦幻和

名师导读

将音乐作品比做"花儿"，不仅生动体现了作品中如花儿般温馨、平和、动人的情绪，而且从侧面反映了这一时期贝多芬生活的改变，由之前的激烈走向了平静温和。【比喻修辞】

把贝多芬比喻成狮子，将其性格中顽强的力量、任性的脾气比做狮子的利爪，生动形象地体现了贝多芬在爱情影响下诞生了可爱、满是笑意的作品。【比喻修辞】

名师导读

这一大段抒情，显示了贝多芬对爱人的浓浓爱意和真挚情感，后半部分也表达了他对于爱情逝去的悲哀和怀念，充满真情实感。【感情真挚】

畅想的奏鸣曲（作品第七十八号，1809 年）题献给了泰蕾兹，并附有一封没有日期的信，写上"致永远的爱人"，与《热情奏鸣曲》一样，表达了他的爱意。

"我的天使，我的一切，我的……我想要对你说的话实在太多了……啊！不论我在哪里，你都同我在一起……当我想到你可能在星期日之前得不到我最新的消息时，我哭了——我爱你，像你爱我一样，但更加强烈……啊！上帝！——没有你，那该是什么样的生活！——这么的近，又如此的遥远——我的思绪涌向你，我永远的至爱，那思绪有时是快乐的，然后就忧郁了，在询问命运，问它是否会接受我们——我只能同你一起活着，不然我就活不成……另外的女人绝不会占有我的心。绝不会！——绝不会！——噢，上帝！为什么相爱的人儿要分离？可是，我现时的日子是忧愁的日子。你的爱使我成了男人中最幸福又最不幸的。……平静下来……平静下来——爱我！——今日——昨日——多么强烈的渴望、多少热泪抛向你！——你——你——我的生命——我的一切！——别了！——啊！继续爱我吧——永远也别误解你亲爱的人的心——永远忠于你——永远忠于我——永远忠于我们。"

是什么神秘的原因阻挠了这对相爱的人的幸福？——也许是缺乏财产和地位不同的缘故。也许是贝多芬对人家强迫他长期等待，对让他保持爱情的秘密感到屈辱表示反抗。也许是由于粗暴、染病、愤世的他不知不觉之中使他所爱的女人感到痛苦，而他也对此感到绝望——婚约毁了，然而双方似乎都没有忘记这段爱情。直到泰蕾兹·德·布伦威克生命的最后时刻（她直到 1861 年才去世），她仍爱着贝多芬。

1816 年，贝多芬曾经说："一想到她，我的心便像初次见到她时跳得同样激烈。"就在这一年，他写下了六支乐曲，名为《献给遥远的爱人》（作品第九十八号），生动感人，深邃真切。他在笔记中写道："一见到这个可爱的人儿，我便心潮澎湃，然而她并不在这儿，不在我的身边!"泰蕾兹曾把自己的肖像送给贝多芬，并写着:"送给罕见的天才，伟大的艺术家，善良的人。泰·布赠。"

在贝多芬的晚年，一位友人见贝多芬形单影只地抱着这幅肖像痛哭流涕，像惯常那样大声说着:"你那么美丽，那么伟大，宛如天使一般!"那位友人退了出来，稍后复又返回，看见他坐在钢琴前，便对他说道:"今天，我的朋友，您的脸上毫无可怕的气色。"贝多芬回答:"那是因为我的天使来看望过我了。"——创伤是很深的。他自言自语地说:"可怜的贝多芬，在这个世界上是没有你的幸福的。只有在理想的境界中，你才能找到朋友。"

他在笔记中还写道:"顺从，深深地顺从于你的命运:你已不能再为自己而存在，只能是为他人而存在;对你来说，只有在艺术中才能找到幸福。啊，上帝，赋予我力量吧，让我战胜自己!"

名师导读

通过贝多芬的自我表白，再现了他对生命中曾经出现的美好的无限眷恋，同时，更折射出他对命运感到的无奈。【感情真挚】

名师伴你读

品读与赏析

本节以贝多芬的音乐作品为线索，将他的音乐融入他的生活中，因为体验的不同，从而出现了不同创作风格的作品，或慷慨激昂，或平静柔和。生活的变幻多端赋予他创作的灵感，而他又在这变化之间品尝生活的苦与乐。泰蕾兹·德·布伦威克这一人物的出现，对于贝多芬的一生也有着很重要的意义。

学习与借鉴

1. 修辞手法的运用:本节多次用到比喻的修辞手法，形象地写出了贝多芬不同作品的不同风格。

2. 抒情:大量的抒情使文章更加动人，使主人公的人生带上了一种浓厚的感情色彩，加深了读者的印象。

天空中的王国

这样，贝多芬被爱情所抛弃。1810 年，他又孤身一人了；但是，光荣来到了，他意识到自己的力量。此时，他正值壮年，任由自己那暴躁和粗野的脾气发泄，不再顾忌人言、习俗、社会等一切。他有什么可害怕或敷衍的，爱情不再，雄心已无，剩下的只有他的力量了。力量的欢乐，需要去使用，甚至是滥用它。"力量，就是不同于常人的人的精神！"他又不再注意衣着，行为举止比从前更加大胆放肆。他知道自己有权爱说什么就说什么，甚至对崇高的人物也是如此。1812 年 7 月 17 日，他写道："除了善良，我不承认还有什么其他的高贵标志。"那时见过他的贝蒂娜·布伦塔诺说："没有一位皇帝、没有一个国王对自己的力量有这样的一种体味。"她被他的威力所慑服。她在写给歌德的信中说："当我第一次见到贝多芬时，我觉得整个世界全都消失了，他使我忘记了世界，也忘记了你，啊，歌德……我不觉得自己搞错了，我觉得此人远远地走在当代文明的前面。"

歌德想方设法结识贝多芬。他俩于 1812 年在波希米亚的浴场相见了，但却话不投机。贝多芬对歌德的才华倍加赞赏，但是，他的性格过于自由、过于暴躁，与歌德的性格难以相融，而且难免会伤害后者。他讲述了他俩一起散步的情况：这位骄傲的共和派把魏玛大公的枢密参议教训了一通，使后者永远不能原谅他。

"君主们和亲王们完全可以造就一些教授和机要参议，可以给后者以各种各样的头衔和勋章，但是他们无法造就伟大的人物，无法造就超脱于庸俗社会的心灵——像我和歌德这样的两个人在一起时，这帮大人先生们应该感觉到我们的伟大——昨天在回来的路上，我们遇见全体的皇族。我们老远地就看见他们了。歌德便挣开我的手臂，立于大路旁。我白费口舌地对他说了我想说的所有的话，但我就是未能让他多走一步。于是，我把帽子压得低低的，扣上外套上的纽扣，倒背着双手，钻进密集的人群中去。亲王们和朝臣们排队恭迎，太子鲁道夫向我脱帽，皇后娘娘先向我打招呼——大人物们认识我——我觉得好玩地看着皇家车马在歌德面前经过。他立于路边，低低地弯着腰，帽子拿在手里。事后，我老实不客气地说了他一通……"

歌德本人对此也耿耿于怀。

在这一时期，1812 年在特普利兹，只用了几个月的工夫，《第七交响曲》和《第八交响曲》便写成了。前者是节奏的大祭乐，后者是幽默的交响曲。他在其中也许表现得最自然，正如他所说，是最"放松"的，带有欢乐和疯狂的激越，意想不到的对比，令人惊讶的、雄壮的机智，使歌德和泽尔特惊惧的巨人似的爆发，并使德国北方流传说，《第七交响曲》是出自一个酒鬼之手——不错，是出自一个沉醉的人之手，但也是力量和才华的产物。

他自己也说："我是为人类酿制玉液琼浆的酒神。是我给人们精神上的神圣癫狂。"

我不知道他是否像瓦格纳所说，想在《第七交响曲》的终曲中描绘一个酒神的盛会。但我特别地看到，在这首热情奔放的乡村音乐中，我特别发现他那佛来米族的遗传，同样地，在以纪律和服从为天职的国家里，他那大胆狂放的言谈举止，也是其自身血统使然。无论哪部作品中，都没有比《第七交响曲》中蕴有那么多的坦荡、自由的力量。这是纯粹为着娱乐而毫无目的地在浪费超人的精力，如同一条泛滥之河的那种欢快。在《第八交响曲》中，力量显得没那么雄浑，但更加奇特，更具有人的特点，混合着悲剧与闹剧、力士般的强健与孩童般的任性。

1814 年，贝多芬的声誉达到登峰造极的程度。在维也纳会议上，他被视做欧洲之荣光。他积极地参加节日欢庆，亲王们向他致敬，正如他向辛德勒所吹嘘的那样，高傲地任由他们向自己献媚取宠。贝多芬为独立战争所鼓舞。1813 年，他写了一支《威灵顿之胜利交响曲》。而在 1814 年初，他又写了一个战斗合唱曲：《德意志的再生》。1814 年 11 月 29 日，他在君王们面前指挥演奏了一支爱国主义歌曲：《光荣时刻》；而在 1815 年，他为攻陷巴黎做了一个合唱曲：《大功告成》。这些应景之作比他其他所有音乐作品更加为他带来声誉。布莱休斯·赫弗尔根据弗朗索瓦·勒特罗纳的一张素描完成的木刻画，以及 1813 年弗兰茨·克莱恩在他脸上拓出的脸模，都把贝多芬在维也纳大会期间的形象表现得栩栩如生。这张紧咬着牙床、愤怒和痛苦深印的狮子脸上最显著的特征就是意志力——一种拿破仑式的意志力。贝多芬在谈到耶拿战役之后的拿破仑时说道："真不幸，我对战争不像对音乐那么拿手！否则我将击败他！"

但他的王国不在这个世界。恰如他在写给弗朗索瓦·德·布伦威克的信中所说："我的王国在天空。"

名师伴你读

品读与赏析

这一节，通过贝多芬的言行，充分地展示了他在音乐王国里不同于常人的创造力和精神。爱情生活受挫的贝多芬在音乐事业上进入他的盛年，他内在的创造力和自信力同时爆发出来，当时的人都为他的威严所震慑。他先后创作了《第七交响曲》、《第八交响曲》等。人们说《第七交响曲》是一个酒徒的作品，是一个使人沉醉的作品，是力量与才华的产物。1814年是贝多芬声誉的顶点。在维也纳会议上，人们把他看做是整个欧洲的光荣，亲王们向他致敬，他在许多君主面前指挥演奏，他甚至把自己比做音乐世界中的拿破仑。

学习与借鉴

1. 正面描写与侧面描写相结合：作者要表达贝多芬认为生命的力量是一种伟大的精神，首先用的是贝多芬自己的感叹，"力量，就是不同于常人的人的精神!"又用贝蒂娜·布伦塔诺写给歌德的信，"没有一位皇帝、没有一个国王对自己的力量有这样的一种体味。"

2. 对比描写：作者通过歌德与贝多芬这两位艺术家在一道散步时遇到全体皇族时的表现，生动地刻画出了歌德的循规蹈矩和贝多芬性格中高傲洒脱的一面。

3. 照应前文：作者再一次提到贝多芬的外貌，并实现了肖像与性格的完美结合，指出其相貌最显著的特征就是意志力——一种拿破仑式的意志力，实乃画龙点睛。

不可抑制的孤独

名师导读

运用了拟人和反衬的手法，"轻佻浮华"的维也纳对贝多芬没有好感，其实作者要表达的意思恰恰相反，是贝多芬对这样的维也纳没有好感。【拟人、反衬修辞】

继这光辉的时刻的是最悲惨的时期。

维也纳对贝多芬从来没有过好感。在这座瓦格纳那么深恶痛绝的轻佻浮华的城市里，像他那种傲岸而自由不羁的天才是不可能讨人喜欢的。贝多芬从不放过任何可以离开它的机会。1808 年，他真切地想过要离开奥地利，前往威斯特伐利亚国王热罗姆·波拿巴的宫廷。但是，维也纳充满着音乐的源泉，我们也必须实实在在地指出，维也纳也始终有着一些高雅的鉴赏家，能感觉出贝多芬之伟大，避免使祖国蒙受失去他的奇耻大辱。1809 年，维也纳的三位富有贵族——贝多芬的学生鲁道夫大公、洛布科维兹亲王和金斯基亲王——答应每年给他四千弗罗林，唯一的条件是他得留在奥地利。他们说："由于一个人只有在不为衣食所虑的情况之下才能全身心地投入自己的艺术，才能创作出艺术之荣光的那些伟大作品，所以我们决定以此方法使贝多芬摆脱可能阻遏其才情的物质上的障碍。"

不料诺言没有兑现，这笔年俸并未足额付给，很快就又完全停止发放了。自 1814 年维也纳大会之后，维也纳的性格改变了。社会开始重政治而薄艺术，音乐兴味被意大利风破坏了，而时尚则完全倾向于罗西尼，贝多芬被视为迂腐。

贝多芬的朋友们和保护人散的散、亡的亡：金斯基亲王死于 1812 年；里希诺夫斯基亲王死于 1814 年；洛布科维兹亲王死于 1816 年。受贝多芬题赠美妙的四重奏（作品第五十九号）的拉美莫夫斯基，1815 年举行了自己的最后一场音乐会。1815 年，贝多芬同童年的朋友埃莱奥诺雷的哥哥斯特凡·冯·布勒宁闹翻了。从此，他形单影只了。他在 1816 年的笔记中写道："我没有一个朋友，我孤苦伶仃地活在世上。"

此时他的耳朵完全聋了。自 1815 年秋天起，他同剩下的那些人除了笔头交流而外别无交往。最早的谈话笔记是 1816 年的。大家都知道辛德勒关于 1822 年《菲岱里奥》演奏会的那痛苦的叙述。

"贝多芬要求指挥预奏……从第一幕的二部唱起，他显然已听不见舞台上的演奏了。他大大地减缓演奏，当乐队跟着他的指挥棒演奏时，歌手们则自顾自地在向前。于是乎，一下子全乱了套了。平常的那位乐队指挥乌洛夫提议稍事休息，但并未说明缘由，同歌手们交谈了几句之后，演奏重新开始。同样的混乱再度出现，必须再次停下来。很明显，不能在贝多芬的指挥下继续演出了，但又怎么同他讲呢？没有谁忍心对他说：'退下吧，可怜的家伙，你无法指挥了。'贝多芬焦急、烦躁，左顾右盼，努力地想从不同的表情中看出点儿原因来，但大家全默然无声。突然，他厉声呼唤我。当我走近他的身旁时，他把他的笔记本递给我，示意我写。我写下了下面这句话：'我恳求您别继续指挥了，回去后我将向您说明理由。'他猛地一下跳到下面，冲我嚷叫道：'咱们快走！'他一口气跑回家来，进得门来，他瘫软地跌坐在沙发上，双手掩面，他就这样一直待到吃饭。饭桌上，没法让他说一句话，一副痛苦不堪、颓丧无力的样子。晚饭后，当我起身告辞时，他挽留我，向我表示不愿一个人待着。我俩分别时，他求我陪他去看在治耳疾方面颇负盛名的那位医生……在我和贝多芬的交往中，我未见到过有哪一天能同 11 月里这致命的一天相比拟的。他的心灵受到打击，直到死的那一天，他都生活在这个可怕的阴影之下。"

两年后，1824 年 5 月 7 日，他指挥《合唱交响乐》或者不如按节目单上所说，"参与音乐会的指挥"时，

名师导读

"瘫软"、"双手掩面"、"痛苦不堪"、"颓丧无力"写出了贝多芬当时痛苦的心理状态，行为表现心理。【动作描写】

名师导读

耳聋给贝多芬造成了交流的障碍，常常被人误解，他的社会交往受到极大的约束，耳聋的他只好对大自然更为亲近。【意蕴深刻】

这句话运用对比强调"我"对树的喜爱程度，突出了贝多芬对大自然的亲近态度。【对比修辞】

引用贝多芬的话语来突出所要强调的内容，增强了文字的说服力和真实性。【引用修辞】

全场向他发出的一片喝彩声他压根儿就没有听见，直到女歌手中的一位拉着他的手，让他转向观众，他这才突然看见观众全体起立，挥动着帽子，拍着手——一位英国旅行者罗素1825年时看见过他弹钢琴，说当他想轻柔地弹奏时，琴键没有响声，在这静寂之中看着他脸部的激动表情和那抽搐的手指，真令人伤感。

他自我封闭，离群索居，唯有大自然能带给他一点儿慰藉。泰蕾兹·德·布伦威克说："大自然是他唯一的知音。"它是他的避难所。1815年认识他的查理·纳德说他从未见过有人像他那样地喜爱花草、云彩、自然的。他似乎依靠着大自然活着——贝多芬写道："世界上没有人会像我一样地喜爱田野的……我对一棵树比对一个人还要喜爱……"在维也纳，他每天都沿着城墙遛一圈。在乡间，他常独自散步，从黎明到夜晚，不戴帽子，顶着烈日或冒着风雨。"全能的主啊！——在树林里，我好快乐——在树林里，我快乐——每一棵树都在传达着你的话语——上帝，多么的灿烂！——在这些树林里，在这些山丘上——一片宁静——这是奉献给你的宁静。"

他精神上的焦虑于是得到了暂时的缓解，但金钱的烦恼却不断袭来。1818年，他写道："我几乎沦落到乞讨的地步，可我还得装出一副不缺衣少食的神气来。"另外，他这样写道："作品第一百零六号是在紧迫的情况之下写成的。为求取面包而创作真是苦不堪言。"施波尔说他经常出不了门，因为鞋子开了口子。他欠出版商的债不少，因为他的作品卖不出什么钱来。《D大调弥撒曲》预订时，只有七个订购者（可一个音乐家也没有）。他的那些精品奏鸣曲，每一支曲子都耗去了他三个月的劳动，但每一曲只勉强给他换回三四十个杜加。加利钦亲王要他写的四重奏（作品第一百二十七、一百三十、一百三十二号），也许是他的最深邃的作品，仿佛以血和泪写就，但亲王却一分钱也没付给他。在日常的窘境中，在没完没了的官司里（或

名师导读

因索取别人答应他的津贴，或因要保留对侄子——他兄弟于 1815 年因肺病死去后留下的儿子——的监护权），贝多芬耗得油干灯灭了。

他把自己心中溢满的温情全都倾注在了这个孩子的身上，他这又是在自己折磨自己。似乎有一种境遇的惠顾在费心地不断更新和增加他的苦难，以使他的天才不致缺乏营养。——他首先要和那个不配做母亲又想夺走小查理的弟媳争夺这个孩子。

这段话中的"惠顾"二字是反其义而用之，目的是弱化一下贝多芬所受苦难的程度。【反语修辞】

他写道："啊，我的上帝，我的城垣，我的防卫线，我唯一的避难所！我看透了我的心灵深处，你知道我不得不容忍那些想与我争夺我的查理、我的宝贝的时候，我所承受的苦痛！听听我的呼唤吧，我不知如何称呼的神明呀，接受你的造物中最不幸的造物的强烈祈祷吧！"

"啊，上帝！救救我吧！你看见我被全人类抛弃了，因为我不愿和不公正的现象妥协！接受我的乞求吧，至少在将来，让我能和我的查理一起生活！……啊，残酷的命运，不可调和的命运！不，不，我的苦难永远没完没了！"

用向上帝祈祷的口吻，真实地表现了贝多芬对侄子的喜爱，感情细腻而真切。【语言描写】

可是他心爱的侄子却辜负了伯父的信赖。贝多芬写给他的信充满悲愤，如同米开朗基罗写给他兄弟们的信一样，但更加天真，更加感人："难道我得到的竟又是卑鄙无耻的忘恩负义？好吧，如果我们之间的纽带应该断裂的话，那就随它去吧！所有公正的人知道之后将会恨你的……如果把我们连在一起的约束让你不堪忍受的话，我以上帝的名义——但愿一切均照上帝的意志行事！——把你交给我主，我已做了我所能做的，我可以站在最高审判者的面前了……"

"你是个惯坏了的孩子，但努力做一个朴实真诚的人对你是不会有害处的，你对我的虚伪让我的心受到太大的痛苦了，我很难忘记……上帝为我作证，我只幻想着离你千里之外，远离这可悲的小兄弟，远离这丑恶的家庭……我无法再信任你了。"然后他签了名，"不幸啊，你的父亲，抑或更好，不是你的父亲。"

但他立刻又心软了："我亲爱的儿子！——什么也别说了——到我的怀抱中来吧，你将听不到一句恶言恶语……我将以同样的爱接受你。关于如何安排你的将来，我们将友好地谈一谈。——我以荣誉担保，绝无责备的言辞！责备将毫无用处。你从我这里得到的将只是疼爱和最亲切的帮助。——来吧——来到你父亲那忠实的心坎里。——贝多芬。——来吧，一接到信就马上回家来。"（在信封背面，他用法文写道："如果你不来，你必将置我于死地。"）

他又哀告道："别撒谎，永远做我最亲爱的儿子！如果你像人家让我相信的那样，以虚伪来回报我的话，那是多么的丑陋啊！……别了，不曾生你的但却肯定抚养过你，并为你的智力发育竭尽了心血的人，以甚于父爱的情爱从心底里求你走上善良和正直的唯一的大道。你的忠诚的好父亲。"

贝多芬本想把这个并不缺少天资的侄子引上大学之路，但在替他的未来做过各种各样的梦之后，不得不答应他去做商人。但查理常去赌场，欠了一屁股的债。

说也奇怪，有些现象常常出人意料，伯父的伟大情操非但无益于侄子，反而有害于他，使他恼恨，使他反抗，如同他自己所说的活现其可耻灵魂的那句可怕的话语："我变得更坏了，因为我伯父要我上进。"1826年夏天，他甚至朝自己脑袋开了一枪。但他并没有死，反倒是贝多芬差点儿为此送了命，他始终未能从这个可怕的打击中摆脱出来。查理治愈了，他在其伯父死之前都一直让他没有安生过，而贝多芬之死与他并不是完全没有关系的。贝多芬临死前，他也没有在其身边。——几年前，贝多芬曾给他侄子写信说："上帝从来没有抛弃我，将来总会有人来为我送终的。"——当然不是他称之为"我儿"的那一个。

名师导读

直抒胸臆，字里行间流露出贝多芬对侄子的深深爱意。情感真挚，富有感染力。【感情真挚】

"伯父的伟大情操"却有害于侄子，贝多芬本想让侄子走上大学之路，但他的良苦用心却让侄子更加反抗。这也表现出了贝多芬与侄子之间的情感状况。【意蕴深刻】

名师 伴你读

品读与赏析

　　辉煌之后往往是暗淡。1814 年以后，维也纳人的注意力从艺术转向政治，音乐口味也转向意大利风格，贝多芬的朋友和赞助人又或者弃他而去，或者离开人世，贝多芬进入异常孤独寂寞的时期。在 1816 年的笔记上，他写道："我没有一个朋友，我孤苦伶仃地活在世上。"他的耳朵完全聋了，疾病导致他的指挥彻底失败，他为自己的失败而痛苦万分。为了抚慰苦痛的心灵，贝多芬从静谧的自然中汲取养料，并把全身心的爱倾注到他的侄子身上。他不断地给侄子写信，教育他，宽恕他，但侄子是个十足的浪子，贝多芬最终没有得到他期待的亲人的爱戴。读这一章节，我们对孤独的贝多芬心生无限的同情。

学习与借鉴

　　1. 引文：为了真实地反映人物内心的情感活动，作者直接引用传主的书信、日记，让过去的人物通过他们自己最真实的书写活动来向人们表露心迹。

　　2. 动作描写：用动作表现人物心理，不直言主人公的痛苦，但痛苦之情已跃然纸上。

欢 乐

从这个忧伤的深渊深处，贝多芬仍然歌颂着欢乐。

这是他毕生的打算。从 1793 年他在波恩的时候，就对此有所考虑。他一辈子都想歌颂欢乐，并想以此作为他某部伟大作品的结尾。整个一生，他都在琢磨歌颂的确切形式以及可以把它放在哪一部作品中，他一直拿不定主意。甚至在创作《第九交响曲》时，他也远没有拿定主意。直到最后一刻，还准备将《欢乐颂》挪到第十或第十一交响曲里去。值得注意的是，《第九交响曲》并不像大家所说的，题名为《合唱交响曲》，而是叫《以欢乐颂歌的合唱为终曲的交响曲》。《第九交响曲》可能差一点儿就有了另一种结尾。1823 年 7 月，贝多芬还在想以一个器乐作为它的终曲，后来，他把这器乐用到作品第一百三十二号的那个四重奏里去了。车尔尼和松莱特纳很肯定地说，演出（1824 年 5 月）以后，贝多芬还没放弃这种想法。

将合唱引入交响乐，技术上有很大的困难，这一点从贝多芬的稿本上就可以看出来，为了在作品的其他段落引进合唱，他做了许多实验，想将歌声以别的方法来代替。在柔板的第二旋律的稿本上，他写道："也许合唱在这里加入很合适。"但他下不了狠心同他忠实的乐队分手。他说："当我突生一个念头时，我就听见一种乐器在弹奏它，而从未听见人的歌声。"因此，他总是尽量延后使用声部，他甚至不仅把终曲的吟诵、而且把欢乐的主题全都交给器乐演奏。

对这些延后和犹豫，还应该作进一步的解释。因为还有更深远的原因。这个总是受到忧愁折磨的不幸者，始终都渴望着讴歌欢乐之美，而他却年复一年地延后这个任务，但是他不断地被卷入激情和哀伤的漩涡。只是直到生命的最后时刻，他才如愿以偿，那是怀着多么伟大的精神啊！

当欢乐的主题第一次出现的时候，整个乐队突然中止，突然间，寂静一片，这使得一种神秘和神圣的气氛进入到歌唱之中。欢乐在超自然的平静之中自天而降：它用轻柔的气息抚慰着痛苦，当它悄悄渗入康复的心灵之中时，开始的一接触十分温柔，致使像贝多芬的那个朋友一样，"因看到他那温柔的双眼而很想流泪"。当主题随后进入声部时，首先表现的是低音部，带着一种严肃而有点儿压抑的情调。渐渐地，欢乐抓住了人。这是一种征服，是对痛苦的一场战争。接着是进行曲的节奏，浩浩荡荡的大军在行进，男高音传出热烈而急促的歌唱，以及所有那些令人震颤的乐章，我们在其中可以听到贝多芬的气息、他呼吸的节奏和受启迪而发出的他的呼喊，使人看到他正穿过田野，一边还在作曲，如痴如醉，激动狂放，犹如老国王李尔置身于雷雨之中。紧接着战斗的欢乐的是宗教的陶醉，随即又是神圣的狂欢，一种爱的疯狂。整个人类全都向苍穹伸开双臂，发出强烈的欢呼，冲向前去迎接欢乐，把它紧紧地搂在怀中。

巨人的杰作战胜了平庸的公众。维也纳的轻浮因此而受到了一时的震撼，该城一直完全属于罗西尼和意大利歌剧的一统天下。忧伤受辱的贝多芬将去伦敦定居，并想在那儿演出《第九交响曲》。如同1809年那样，几位高贵的朋友又一次恳求他千万别离开祖国。他们说："我们知道您写了一部新的圣乐曲，您在其中表达了您深刻的信念所启迪您的那些情感。深入您那伟大心灵的超现实的光明照耀着它。另外，我们也知道您的那些伟大的交响曲的桂冠上又增添了一朵不朽的鲜花……您最近几年的隐遁使所有曾把目光转向您的人感到怅然。大家都痛苦地在想，当一种外国音乐在设法移植到我们的舞台，想把德国艺术作品弄到无人问津的时候，那位在人们心中地位崇高的天才人物却沉默着……我们民族期待着一种新的生命，新的荣光，并不顾当今时尚而重创一种真与美的时代，这一重任只有您能承担……但愿您能让我们很快遂了心愿……但愿仰仗您的天才，未来的春天为了我们，为了世界而更加的鲜花盛开！"这些言词恳切的信说明贝多芬在德国的精英们中间，不仅在艺术上，而且在道德上，享有多大的威望。他的崇拜者们为颂扬他的才华而想到的第一个词儿，既非学术，也不是艺术，而是信念。

贝多芬被这些话语打动了，便留了下来。1824年5月7日，在维也纳举行了《D大调弥撒曲》和《第九交响曲》的首场演出。非常成功，几乎是盛况空前。当贝多芬出现时，观众们掌声不息，连续了五次。在这礼仪之邦，即使皇族驾临，习惯上也只是鼓三次掌。演出之狂热竟然惊动了警察。交响曲引起了一阵狂热的骚动，有许多人哭了起来。音乐会后，贝多芬因过于激动而晕了过去，他被抬到辛德勒家，他昏昏沉沉地和衣躺着，整夜未吃未喝，直到次日早晨。但胜利只是短暂一瞬，贝多芬分文未得。音乐会没有给他带回一个子儿。物质生活的窘迫毫无改观。他贫病交加、孤立无援，然而他是个胜利者——人类平庸的战胜者，他自己命运的战胜者，他的苦痛的战胜者。

"牺牲，永远牺牲人生的愚钝，为了你的艺术！这个至高无上的上帝！"

名师伴你读

❁ 品读与赏析

生活在悲伤痛苦的深渊里，贝多芬也没有放弃他早就萌生的念头：歌唱欢乐。他年复一年地延迟着讴歌欢乐之美，因为他的生活里不断涌动着悲伤。直到生命的最后一刻，他才完成了多年的心愿。1824年5月7日，《第九交响曲》（《合唱交响曲》）在维也纳举行第一次演奏，其激动人心的场面空前。观众对他的尊重甚至超过了对国王的尊重。不能否认，这是贝多芬音乐王国的又一次盛典！

然而，《第九交响曲》首演时巨大的轰动，并没有给贝多芬窘迫的物质生活带来任何改观。但精神享受总是远远大于物质上的享受。在贫病交加、孤立无援之时，贝多芬的杰出音乐作品赢得了观众的热烈掌声，他自己也因过于激动而晕了过去，因此，作者说"他是个胜利者"，实不为过。

❁ 学习与借鉴

1. 发挥想象力：描写贝多芬作品中的"欢乐"时，结合乐曲的特点想象贝多芬的相关情形，使文章更加生动形象，使人印象深刻。

2. 比喻修辞：运用比喻修辞，将《第九交响曲》比喻成"一朵不朽的鲜花"，充分体现出这部乐曲的魅力。

悲剧的收场

名师导读

在事业达到顶峰后贝多芬并没有停下来，他依然雄心勃勃地计划着建构更辉煌的音乐王国。尽管耳疾和孤独不断吞噬他的精神，但他拥有梦想，向往自由，崇尚力量。不屈的精神让他时刻想向自我挑战，创作出更伟大的作品。【暗示主题】

把贝多芬比喻为"伟大的自由之声"，是对他独抒性灵的音乐创作风格的充分肯定。【比喻修辞】

他已达到了他终生追求的目标，他获得了欢乐。他会在这控制着暴风雨的心灵高峰久留吗？不错，有些日子，他不得不时常跌落到往日的忧愁之中。不错，他最后的几部四重奏里充满着怪异的阴影。然而，似乎《第九交响曲》的胜利在他身上留下了光荣的印记。他未来的计划是：《第十交响曲》、《纪念巴赫的前奏曲》、为格里尔巴泽的《曼吕西纳》谱的曲子、为克尔纳的《奥德赛》和歌德的《浮士德》谱写的音乐，还有《大卫和扫罗的圣经清唱剧》，都显示出他的思想倾向于德国古代的大师们的强劲的宁静：巴赫和亨德尔——而且，尤其是倾向于南方的明媚，倾向于法国南部或他梦想游历的那个意大利。

施皮勒大夫 1826 年见到过他，他说贝多芬的面容变得容光焕发了。同一年，当格里尔巴泽最后一次见到他时，是贝多芬在鼓励这位颓丧诗人振作，后者说："啊！如果我能有您千分之一的力量和意志的话就好了！"时事艰难，反动的专制政治在压迫着人们的思想。格里尔巴泽叹息道："审查制度杀害了我。如果你想言论自由，思想自由，就得去北美。"但没有任何权势能够束缚住贝多芬的思想。诗人库夫纳在写给他的信中说："文字被束缚住了，但幸好声音还是自由的。"贝多芬是伟大的自由之声，也许是德国思想界唯一的自由之声。他感到了这一点，他常常提到他必须履行的职责，要利用自己的艺术为"可怜的人类"、"将来的人类"而斗争，为人类造福，给人类以勇气，让人类苏醒，斥责人类的懦弱。他在给其侄子的信中写道：

"我们的时代需要坚强的心灵去鞭策那些可悲的人。"1827年，米勒医生说："贝多芬对政府、对警察、对贵族，总是自由地表达自己的看法，甚至在公众面前也是这样。警方知道这一点，但他们容忍他的批评和讥讽，把它们视做无伤大雅的梦呓，因此也就对这位光芒四射的天才不闻不问了。"

就这样，没有什么能使这个无法驯服的力量屈服的。现在，这力量似乎在耍弄痛苦了。在他最后那几年里，尽管创作条件艰难，但他所写的音乐常常有着一种嘲讽的、傲然而欢快的蔑视的全新特点。他死前四个月，1826年11月完成的最后一段，作品第一百三十号的四重奏的新的终曲，非常之轻快。严格地说来，这种轻快不是常人的那一种。它时而是莫舍勒斯说的那种嬉笑怒骂，时而又是战胜了那么多苦痛之后的动人的微笑。反正他是战胜者，他不相信死亡。

> 贝多芬是伟大的，不仅是因为他是一位杰出的音乐家，也因为他是一位能勇敢与命运作斗争的人。【暗示主题】

可是死神终于来了。1826年11月末，他着凉了，患了胸膜炎，为侄子的前程而冒着隆冬严寒四处奔波归来之后，他在维也纳病倒了。他的朋友住得都很远，他叫侄子替他去请医生。据说这个漠不关心的家伙竟然忘了，两天之后才想了起来。医生来得太晚了，而且诊治得很恶劣。三个月里，他那运动员的体魄在与病痛抗争着。1827年1月3日，他立他亲爱的侄子为正式继承人。他想到了自己莱茵河畔的朋友们，他还给韦格勒写信说："……我多么想同你聊聊！但我身体太虚弱了。我什么都不行了，只能在心里吻你和你的洛申。"如果没有几位英国友人的慷慨解囊，贫穷可能会笼罩他的最终时刻。他变得很温顺，很有耐心。1827年2月17日，他经过三次手术，等待第四次手术时，躺在弥留的床上安详地写道："我耐心地在想：任何病痛都会随之带来点儿好处的。"

> 此处为读者设了一个悬念，最后离世却没有亲人的祷告，悲凉意味更加深刻。【设置悬念】

这个好处便是解脱，是如他临终前所说的"喜剧的终结"，但我们要说，是他一生悲剧的收场。

他在一场大雷雨——一场暴风雪中，在雷声滚滚中咽了气。一个陌生人替他合上了眼睛（1827年3月26日）。

名师 伴你读

品读 与 赏析

1826 年冬，贝多芬因为为侄子奔波劳累，在维也纳病倒。1827 年 3 月 26 日，在风雪交加中，在一声响雷中，贝多芬离开了这个世界。一个不幸的人，贫穷，残废，孤独，由痛苦造成的人，世界不给他欢乐，他却创造了欢乐来给予世界！他用他的苦难来铸成欢乐。

作者在饱含感情的叙述中，为读者营造了一个心生压抑的艺术氛围。贝多芬一直都在与不幸的命运抗争，但他在生命的最后时刻依然是凄苦悲凉的。他的死，连苍天也发出响雷，人心又岂能不为之震撼？

学习 与 借鉴

注意整体布局：《名人传》三位伟人在精神上的相似性、英雄性是贯穿整部书的红线。宏观的布局使结构统一、完整。

米开朗基罗传

引 言

　　意大利佛罗伦萨的国家博物馆里，有一座大理石雕像——米开朗基罗称之为《胜利者》。这是一个裸体青年，身材匀称。他直直地站着，单膝跪在一个大胡子俘虏背上。俘虏佝偻着脊背，头像牛一样伸向前方，但胜利者的眼神并没瞧着他。就在手起刀落之际，胜利者住手了，把稍显凄苦的嘴巴和犹豫不决的目光转了过去，手臂弯向肩膀，身子后仰。他不再需要胜利，胜利让他的心里很痛苦。他虽是征服者，但他自身也被征服了，这是一种伟大的力量。

　　这个表示怀疑的英雄形象，在米开朗基罗的全部作品中，是唯一一个他到死还留在佛罗伦萨画室里的作品。米开朗基罗亲密的朋友达尼埃尔·德·沃尔泰拉打算用它装饰他的灵台，因为那是他全部生涯的写照。

　　和平常人一样，米开朗基罗有着自己的痛苦。他有力量，得天独厚地生来就能战斗，且能战而胜之。他胜利了。可是，怎么回事？他不想胜利，这不是他的愿望，真是哈姆雷特式的悲剧！有英雄的才能，却没有英雄的意志；有强烈的激情，却没有这样的愿望，这是多么令人痛心的矛盾！

　　不要以为我们在许多伟大之外又看到了另一种伟大！我们永远不会说因为一个人太伟大，世界就不能让他感到满足。精神焦虑并不意味着伟大。甚至在伟大人物身上，如果个人与世界之间、生命与生命法则之间缺乏和谐，则难以成就其伟大，反而是其弱点。——为什么要竭力掩盖这种弱点呢？软弱的人难道就不值得爱吗？——其实他更值得爱，因为他更需要爱。我绝不会把英雄抬到高不可攀的高度。我讨厌怯懦的理想主义者，他们不敢正视人生的苦难和心灵的弱点。应该告诉太容易被响亮的词句和幻想蒙骗的民众，唱高调的谎言不过是怯懦的表现。

　　我在此介绍的悲剧性命运，表现了一种与生俱来的痛苦，这种痛苦来自人的内心，不断啮噬着人的生命，直到将它完全毁灭。这是人类伟大族群最强有力的典型代表之一，1900年来，西方世界充斥着他痛苦与信仰的呼号着的基督徒。

　　或许在将来，多少个世纪过去之后，会有一天——如果人们还记得我们这个尘世的话——总有一天，未来的人类会俯身在这个种族绝灭的深渊旁，如同但丁俯身在第八层地狱的火坑边一样，心里怀着感叹、厌恶和怜悯。

从孩提时代起，我们便对这种苦恼深有体会，我们亲眼看到我们最亲爱的人在那儿苦苦挣扎，我们的喉咙已经尝到了基督教悲观主义呛人而又醉人的味道。有时，在怀疑的时刻，我们必须做出努力，才不像其他人那样被天国虚无的幻象弄得头晕目眩！

上帝啊！永恒的生命啊！你是下界受难的人们的庇护所！信仰常常只是生活中缺乏信心的表现，对将来、对自己缺乏信心、失去勇气和欢乐的表现！……我们知道，痛苦的胜利是多少次失败才换来的！

基督徒啊，正是为了这一点我才爱你们，因为我可怜你们、同情你们、赞赏你们的忧伤。你们使世界变得愁苦，却又把它装点得更加美丽。如果你们的痛苦不复存在，世界便会显得更落寞。现在是懦夫的时代，他们在痛苦面前瑟瑟发抖，大叫大嚷地索要幸福的权利，而这种幸福往往是他人的不幸。我们应该敢于正视痛苦，尊敬受苦的人！欢乐固然值得赞颂，痛苦何尝不该获得赞颂！这两者是姐妹，同时也是圣者。他们锻造世界，充实着伟大的灵魂。他们是力量、是生命、是神明。谁要是不兼爱欢乐和痛苦，便是两者都不爱。懂得品尝它们的人，便能体会活着的价值和离开人生的甜蜜。

名师伴你读

品读与赏析

开篇引言看似随意但却凝练地概括了米开朗基罗的性格特点，哀叹他不可避免的悲剧性命运，整篇传记的影子都可在引言中窥见。也由于引言包含的信息量比较大，读的时候难免觉得晦涩，需要在读到后文时经常观照引言，这样才有助于对作品的理解。

学习与借鉴

1. 人物刻画：把对传主的描绘和对传主作品的描绘结合在一起，比之于传记家自己花费笔墨去刻画人物来，更经济。

2. 伏笔的作用：诸如"有英雄的才能，却没有英雄的意志""有强烈的激情，却没有这样的愿望""软弱的人难道就不值得爱吗"一类的述评，都为下文人物正式登场后的情节提供了基础，使读者产生阅读兴趣。

伟大的斗争和不幸

他是佛罗伦萨的一位市民。这佛罗伦萨，到处是高大而阴沉的宫殿，高高的塔楼直竖着，像士兵手里的长矛；起伏的山峦，线条柔和而清晰，就像精工裁剪出来置于紫色的天际；低矮的柏树像黑色的纺锤，橄榄树似银色的披巾，波浪般微微颤动着。一切都显得和平而安定。

这美丽的佛罗伦萨，典雅异常，曾经涌现了洛伦佐·德·梅迪契、马基雅弗利与波提切利等许多伟大的历史名人。

这美丽的佛罗伦萨，是一个狂热、骄傲、神经质的城市，动辄耽于盲目的信仰，不断因宗教与社会的歇斯底里动荡不宁。在这个城市里，人人都有自由，人人都是暴君，在这儿生活既快乐逍遥，又如同下了地狱。

佛罗伦萨的居民聪明、偏执、热情、易怒，嘴尖舌利，生性多疑，动不动相互窥伺，彼此嫉妒，互相吞噬。这个城市容不下具有自由思想的达·芬奇，波提切利也只好在苏格兰清教徒的神秘主义幻觉中了其一生。目光灼灼形似公羊的萨伏那洛拉焚烧艺术品并要僧侣们围着火堆跳舞，三年之后，火堆重又燃起，烧死的却是他这位先知。

米开朗基罗，他就是当时那个充满偏见、激情和狂热的城市的居民。

他眼光开阔，志存高远，看不起他们那个艺术圈子，看不起他们矫揉造作的心态、平淡的写实主义风格、他们的感伤主义和病态的精雕细刻。他对他们态度粗暴，但他爱他们。他不像达·芬奇那样用含笑的冷淡态度对待祖国。离开了佛罗伦萨，他会思念他的家乡。他一生都千方百计，设法留在佛罗伦萨，却往往不能如愿。在战争的悲惨岁月，他曾想："既然活着的时候不能在那里，至少死后要回去。"

他们家在佛罗伦萨历史悠远，他对自己的血统和家族甚至比对自己的天才还感到自豪。他不允许别人把他看做艺术家："我不是雕塑家米开朗基罗……我是米开朗基罗·博纳罗蒂……"

他想自己在精神上是一个贵族，他具有这个等级的一切偏见。他甚至说："从事艺术的应该是贵人，而不是平民。"

"我们的家族……维护我们的家族……好使我们的家族不致后继无人……"

这个特殊的家族所具有的一切迷信、狂热，他都具备。他整个人就是用这些迷信和狂热的泥土塑造出来的。但从这泥土里迸射出一道光焰，将这一切都净化了，这就是——天才。

不相信天才，亦不知何谓天才的人，请看看米开朗基罗吧。从来没有人像他那样为天才所俘虏。这天才似乎不同于他的本性，那是一个征服者，冲进他的内心，将他牢牢抓住。他的意志对此无能为力。几乎可以说他的精神和他的心灵无能为力。这是一种狂热的亢奋状态，一种可怕的生命力，他的身心过分疲弱，无法控制。

他不断生活在亢奋的状态之中。体内聚积着的旺盛精力让他痛苦，迫使他行动，不断地行动，难得有一小时的休息。

"我干得精疲力竭，从来没有人这样干过。"他写道，"我日夜工作，其他什么也不想。"

这种病态的活动需求不仅使他工作量日增，还使他接受了许多难以兑现的订单，他简直成了工作狂，他甚至想雕刻整座山。如果要建造某个纪念性建筑，他会常年累月地跑到采石场里挑选石头、修筑道路、运输石头。他什么都想做：工程师、操作工、凿石工。他事必躬亲，修建宫邸、教堂，样样自己动手。简直是苦役犯的生活！连吃饭、睡觉的时间都没有。在他写的信里，经常可以看到这样的字句：

我几乎连吃饭的时间都没有……没有时间吃饭……十二年来，我累垮了身体，连日常必需的东西都没有……我一文不名，身无长物，浑身是病……生活在贫困和痛苦之中……我在和贫困作斗争……

他有钱，挣了很多钱，非常富有。可钱对他有什么用？他的内心深处充满着孤独和绝望。日子过得像穷光蛋，干起活儿来像拉磨的马。谁也不明白他为什么不能适可而止，谁也不明白这样自讨苦吃已成为他的一种需要。甚至父亲也弄不明白自己的儿子。他在来信中这样写道：

你兄弟告诉我，你生活非常节省，甚至到清苦的地步。节俭固然好，自虐就不好了，这是上帝和人类都不喜欢的事，会损害你的身心健康。年轻时还过得去，待年纪一大，贫苦生活带来的病痛会一齐冒出来。别再过苦日子，生活要有所节制，必需的营养还是要的，千万别过分劳累……

但怎么劝也没用，他不想改善自己的生活，他只吃面包，喝点儿葡萄酒。每天只睡几个小时。在波伦亚忙着为尤里乌斯二世塑铜像时，他和三名助手共睡一张床。睡觉时衣服靴子都不脱。有一次他腿肿了，只好将靴子割开。脱靴时，腿上的皮也被扯了下来。

这种可怕的卫生习惯，恰如他父亲警告过的那样，使他经常生病。从他的信中可以看到，他患过十四次或十五次大病。有几次高烧，差点儿要了他的命。他的眼睛、牙齿、头部、心脏都有病。他常被神经痛所折磨，尤其是睡觉的时候，真是苦不堪言。他未老先衰，四十二岁便感到老了。四十八岁时，他写信说，如果他工作一天，就要休息四天。但他顽固地拒绝就医，这种近乎狂热的工作方式，对他精神的影响比对身体的影响更大，悲观主义侵蚀着他。这是一种遗传病。青年时期，他想尽办法去安慰不时突发受迫害妄想的父亲。米开朗基罗自己比父亲的症状更重。永无休止的工作，难以承受的疲劳，使他从来得不到恢复，总是处于多疑的精神误区之中。他猜疑他的敌人，猜疑他的朋友、父母、兄弟和养子，总怀疑他们盼着他早死。一切都使他不安，家人对他整天心神不定感到好笑。他自己也说，他总处于"一种忧郁甚至疯狂的状态"。久而久之，他竟把痛苦变成了一种嗜好，似乎从中找到了一种苦涩的快感："越是加害于我，我越快乐。"

一切的一切，乃至爱和善，都成了他痛苦的主题："忧伤是我的享受。"

在广阔的宇宙中，他看到和感觉到的只有痛苦。世界上一切悲观情绪都概括在下面这声绝望和极度不平的呼喊之中："万千欢乐比不上一种苦恼！……"

"他无处发泄的精力，"龚迪维说，"几乎使他与整个人类社会隔绝。"

米开朗基罗是孤独的，他恨人也遭人恨；他爱人，但无人爱他。他的这种悲哀是正常人所不能承受的。人们对他既钦佩又害怕。最终他在人们心中引起了一种宗教般的尊敬。他凌驾于他的时代，于是，他稍稍平静了一些。他从高处看人，而人们则从低处看他。他始终是单身，他从不休息，连最卑贱的人都能享受到的温柔他也尝不到，他一生中连一分钟都不曾在另一个人的温柔怀抱里入眠，他从未得到过女人的爱。在这荒漠般的天地里，只有维多利亚·科洛纳的友情，曾闪过一道纯洁而冷峻的星光。周围是一片黑夜，只有他炽热的思想流星——他的欲望和疯狂的梦境——飞驰而过。贝多芬从未经历过这样的黑夜，因为这黑夜就在米开朗基罗的内心。贝多芬的悲愤是社会的过错，他本人天性却是快乐的，而且渴望快乐；米开朗基罗则忧郁成性，令人害怕，使人本能地躲开他，他在自己周围造成了一片空虚。

最糟的并不是孤独，而是和自己过不去。米开朗基罗不能好好地生活，自控能力极差，总是否定自己、反对自己、摧残自己。他是天才，却长着一颗背叛这种天才的心。有人说这是他的宿命，命运使他激烈地反对自己，阻止他实施任何伟大的计划。这所谓的命运，其实是他自己。他不幸的关键，他一生的悲剧之所在——人们往往很少看到或最不敢看到的——是缺乏意志力和坚定的性格。

他软弱，无论从哪方面说都是这样，既由于道德，也由于胆怯，亦因为过分认真。什么事他都要反复考虑，辗转不安，而换一个性格果断的人，这些考虑都可以抛开。他往往夸大自己的责任，自认为不能不干那些一般性的工作；其实，这类事情换了任何一个工头，没准都比他干得更好。他不懂如何履行承诺，却又不肯放手让别人去做。

他因胆小谨慎而脆弱。被教皇尤里乌斯二世称为"可怕的人"，瓦萨里却说他是"谨慎的人"。他实在太谨慎了。而这个"使所有人，甚至教皇害怕的人"却害怕所有人。他在王公贵族面前很软弱，但却比任何人都看不起在王公贵族面前唯唯诺诺的人，把他们称做"为王公贵族负重的驴"。他曾想躲开教皇，却始终没走，且十分驯服。他容忍东家带侮辱性的信，回复时还低声下气。有时，他也反抗，说话态度强硬，但最后总是让步。一直到死，他都在自我挣扎，却无力抗争。克雷芒七世是所有教皇中待米开朗基罗最宽厚的一个，和一般的看法相反，克雷芒七世知道他的弱点，对他颇有怜悯之心。

米开朗基罗在爱情方面完全丧失了尊严。他在像费博·迪·波吉奥这样的混蛋面前低三下四，将托马索·德尔·卡瓦列里那样一个可爱却平庸的人称做"伟大的天才"。

至少，爱情还使这些弱点颇为感人，而这些弱点来自恐惧时，那不过是可悲的痛苦表现——若不敢说是可耻的话，他会突然惊慌失措，由于恐惧在意大利到处逃避。1494年，他被一种幻象吓得逃出了佛罗伦萨。1529年，佛罗伦萨被围，他受命承担城防重任，而他又逃跑了，一直逃到威尼斯，差点儿逃往法国。稍后，他觉得这种行为很可耻，决心弥补，便返回被围的佛罗伦萨，一直坚守到围城结束。佛罗伦萨沦陷以后，许多人被流放，他又吓得魂不附体！竟去巴结那个刚刚处死了他的朋友——高贵的巴蒂斯塔·戴拉·帕拉——的法官瓦洛里。他甚至和朋友划清界限，与佛罗伦萨的流亡者断绝联系。

米开朗基罗有时会鄙视自己，因厌恶自己而病倒，那时他想死，大家都以为他快死了。

但他不能死，他体内有一种强烈的求生的力量，每天都周而复始，痛苦则日甚一日。如果能无所作为该多好！但是办不到。他不能不干事，他必须干事。他干了吗？干了，但却是被动地干。他像但丁笔下的罪人，被卷进激烈而矛盾的感情旋风之中。

他不得不受苦！

哦，哦，我真不幸！

在我过去的日子里，

没有属于我自己的一天！

他向上帝发出绝望的呼号：

啊，上帝！啊，上帝！

谁能比我更了解我自己？

他之所以渴望死，是因为他认为死可以结束这种使人发狂的奴隶生活。他谈到已死的人时是多么羡慕啊！

您不用再担心生存状态和欲念的改变……

今后的日子不会再对您行使暴力，

需要和偶然不会再操纵您……

写到这里，我怎能不羡慕呢？

死！不再存在！不再是自身。逃出天地万物的掌心！摆脱自己的幻觉！

啊！使我，使我不再回到我自己吧！

卡皮托勒博物馆里，他不安的目光还注视着我们，从他痛苦的脸上，我似乎听见发出了这凄怆的呼声。

从外表上看，他是一个非常健壮的人，只是由于工作过于劳累，体形变了样。他走路时仰着头，后背凹陷，腹部前突。这便是荷兰画家弗朗索瓦给他画的肖像：他穿着一件黑衣服，肩披罗马式大衣；头缠布巾，巾上一顶宽宽的黑毡帽，压得很低。他颅圆额方，眼睛上方的脑门布满皱纹，黑色的头发有点儿稀疏，蓬松而略带卷曲。眼睛很小，目光忧郁而锐利，颜色像牛角，经常在变化，时而泛黄，时而发蓝。鼻子又宽又直，中间隆起，曾被托里吉雅尼一拳打破。从鼻孔到嘴角有很深的皱纹。嘴唇不厚，下唇略向前突。鬓毛很稀，牧神似的胡须不算浓密，长约四英寸至五英寸，环绕着颧骨突出、两腮凹陷的脸颊。整个脸部笼罩着忧郁和游移不定的神情，这是诗人塔索时代典型的脸庞，显得疑虑重重。

我们别和他斤斤计较了，就把他盼望了一生，而始终未能得到的爱给他吧。他经历过一个人所能遭受的最大苦难，他曾经目睹祖国受奴役，整个意大利沦入蛮族之手；他眼见自由泯灭，他所爱的人一个接一个地死去，眼见艺术的明灯一盏盏地熄灭。

在黑夜降临之际，他孤零零地留在最后。临死前，他回顾往事，甚至不能对自己说，已经做了该做的和能够做的一切来安慰自己。他似乎虚度了一生。他白白放弃了欢乐，白白为艺术这个偶像牺牲了自己。

他活了九十岁，一辈子没休息过一天，没享受过一天真正的生活，艰苦的劳作竟实现不了一项伟大的计划，他认为最重要的作品没一件能够完成。命运嘲弄的结果，使这位雕塑家只能完成一些他所不愿意画的绘画。曾经给他带来过希望、自豪和苦恼的伟大作品之中，有的在他生前已经被毁，如《比萨之战》的图稿、尤里乌斯二世的青铜雕像等，有的也可惜地流产了；另外一些如尤里乌斯二世的陵墓、梅迪契家族的教堂等，留下的只是纸上谈兵的构思。

雕塑家格依贝尔蒂在其《回忆录》里，讲述了安茹公爵手下一位德国金银匠的故事。说他"足可与希腊的古雕塑家媲美"，但到了晚年，却目睹耗去他毕生精力的作品被毁掉。——他看到他的全部辛劳均属徒劳，便跪下喊道："主啊，你是天地的主宰，万物都是你创造，别让我再迷失方向，除了你我再也不追随其他人了！可怜可怜我吧！"他随即将所有的一切都给了穷人，从此隐居山林，了却一生……

米开朗基罗如同那位德国金银匠，到了晚年，痛苦地看到他的一生犹如虚度，他的努力全是徒劳，自己的作品不是未曾完工，便是遭到毁坏，等于一事无成。

于是，他退让了，文艺复兴时代的那份自豪，宇宙间自由且至高无上的灵魂，无比自豪地与他一起返璞归真：

遁入上帝的爱的怀抱，

那神明正在十字架上张开双臂欢迎我们。

《欢乐颂》壮美的呼声没有喊出，直到最后一息，依然是"痛苦颂"和让人得到解脱的"死亡颂"。他完全被击败了。

这就是世界的征服者中的一位。我们在享受他天才的作品时，如同享受我们祖先的丰功伟业一样：

再也想不起

流过多少鲜血。

我愿将这鲜血呈现在所有人眼前，让所有的人都向他鞠躬，我愿举起用英雄的鲜血染红的战旗，让它在我们头顶上飘扬，让大家看清这个倔强而孤傲的灵魂。

名师伴你读

品读与赏析

这一节里，罗兰不加掩饰地向我们揭示出米开朗基罗的性格缺陷：对权贵的屈服，对战争的恐惧，对朋友的生死袖手不顾的个性缺点；西班牙人攻陷罗马，佛罗伦萨气氛紧张，在惊惧、猜疑的心态中，他偷偷逃离；回到佛罗伦萨后，他甚至否认那些被流放的人曾经是他的朋友。但这些并不妨碍他艺术和心灵的伟大，巨人亦有着凡人的一面，这才是现实生活中活生生的人。作者是如何将二者统一起来的呢？请看下文。

学习与借鉴

1. 先抑后扬的笔法：用欲扬先抑的笔法，反复渲染米开朗基罗的性格缺点，最后总结的时候罗兰才向读者表明了他传记写作的重点，即揭示一个真实而伟大的天才痛苦的心灵史，对他进行进一步的礼赞和颂扬。

2. 细致的描写：无论是环境描写、肖像描写，还是对主人公生活状态的描写，都是为了展现人物的性格。

上篇 搏斗

最强悍的力量

1475 年 3 月 6 日，米开朗基罗出生在佛罗伦萨阿雷佐附近的小镇卡普雷塞。那里的土地崎岖不平，不过空气很新鲜，到处是岩石和山毛榉，远处是高耸的亚平宁山脉。离这里不远便是弗朗索瓦·达西斯看见基督在阿尔维尼亚山上显圣的地方。

米开朗基罗的父亲是卡普雷塞和丘乌西的最高行政官，性情暴躁，但是他相信上帝。母亲在米开朗基罗六岁时离世，留下利奥纳多、米开朗基罗、博纳罗托、乔凡·西莫内和吉蒙多兄弟五人。

米开朗基罗幼时寄养在塞蒂雅诺一个石匠的妻子那里。后来，米开朗基罗打趣说，皆因吃了这个乳母的奶，他才选择当雕塑家。家人将他送进学校，但他在学校里一心一意画画。为此，父亲和叔伯们认为他没出息，经常狠狠地揍他，他们觉得家里出了个艺术家是一种"耻辱"。就这样，他从小便备尝人生的无情和精神的孤独。

他的执著战胜了父亲的顽固。十三岁就进了当时佛罗伦萨最大也最正规的多梅尼科·吉兰达约画室学艺。他最早的习作便获得极大成功，据说连他师傅也嫉妒他。一年之后，两人便分道扬镳了。

此时他已厌倦绘画，而心仪另一种更壮美的艺术。他转学到洛伦佐·德·梅迪契在圣·马可公园开办的雕塑学校。这位王公赏识他，让他住到王宫里，和自己的孩子们同席。就这样，他一下子置身于意大利文艺复兴的心脏，为古代的珍藏品所环绕，沐浴于伟大的柏拉图

名师导读

他对艺术的热爱从小便受到父亲的指责，然而他却坚持了一生，可见艺术对于他的意义。【语句理解】

用典型事例证明米开朗基罗的绘画天赋，很有说明力。【典型事例】

47

名师导读

派艺术家——如马西利奥·菲奇诺、贝尼维耶尼、安琪·波利齐亚诺等——营造的博学多闻和诗情画意的氛围中。他醉心于他们的思想，呼吸着古代的气息，怀古之情也油然而生，他成为一位崇尚希腊文明的雕塑家。在"非常疼爱他"的波利齐亚诺指引下，他雕刻了《马人与拉庇泰人之战》这组雕像。

1490年，传教士萨伏那洛拉开始就《启示录》作热情洋溢的宣讲。当时他三十七岁，米开朗基罗十五岁。他看见这位矮小羸弱的宣道者，全身透着圣灵之气，在讲台上用可怕的声音猛烈抨击教皇，将上帝血淋淋的宝剑悬挂在意大利的上空，不禁吓得浑身冰凉。佛罗伦萨在颤抖，人们在街上乱窜，发疯似的又哭又喊。最有钱的公民，如鲁切莱、萨尔维亚蒂、阿尔比兹、斯特罗兹等，都要求加入他的教派。博学之士和哲学家，如皮克·德·拉·米兰多勒、波利齐亚诺都抛开了自己的理性。米开朗基罗的兄长利奥纳多也加入了其中。

米开朗基罗未能逃脱这种惊恐情绪的感染，当法王查理八世到达佛罗伦萨时，他吓坏了，因为这个丑陋的小魔头，曾被那位先知宣布为"上帝之剑"、"居鲁士大帝再世"。他做了一个梦，快吓疯了。

米开朗基罗的朋友，诗人和音乐家加迪埃尔，某天夜里看见洛伦佐·德·梅迪契的阴魂出现，他衣衫褴褛，几近半裸，还戴着孝。鬼魂命他预先通知他的儿子皮埃罗，他将被逐出国土，永远难回故里。加迪埃尔把幻象告诉米开朗基罗。后者鼓励他把这一切报告大公。但加迪埃尔惧怕皮埃罗，不敢这样做。另一天早上，他又来找米开朗基罗，慌慌张张告诉他那鬼魂再次出现，穿着同样的衣衫。加迪埃尔躺着，一声不响地盯着他，那鬼魂扇了他一个耳光，责怪他没有听从命令。米开朗基罗把加迪埃尔埋怨了一通，要他立即徒步赶往佛罗伦萨附近加莱吉的梅迪契庄园。半道上，加迪埃尔遇见了皮埃罗，拦住他报告了事情的始末。皮埃罗听后哈哈大笑，命令侍从揍了他一顿。

"血淋淋的宝剑"、"颤抖"、"乱窜"、"发疯似的又哭又喊"体现当时新的宗教观点给当时的社会带来的巨大影响，预示着社会变革。【用词巧妙】

通过小故事预言佛罗伦萨要遭大难，从一定程度上说明了意大利的宗教矛盾和党派斗争非常复杂。为了逃避这一切真真假假的谣言和矛盾，米开朗基罗离开了佛罗伦萨。【语句理解】

名师导读

大公的总管比比埃纳对他说:"你真傻。你以为洛伦佐最爱谁,他儿子还是你?如果洛伦佐要显灵,当然是向他儿子而不是向你显灵!"加迪埃尔挨了一顿责备和奚落,回到佛罗伦萨,将此行的失败告知米开朗基罗,并使他相信佛罗伦萨即将大祸临头。米开朗基罗闻言,两天后便逃走了。

这是米开朗基罗第一次因迷信而惊恐,以后这样的事情还发生了很多次,甚至有时候米开朗基罗感到不能自抑。

米开朗基罗一直逃到威尼斯。最后他在平静的波伦亚过了一个冬天,把那位先知和他的预言忘得干干净净。美丽的世界再度使他心醉。他阅读彼特拉克、薄伽丘和但丁的作品。

1495年春天,他又回到了佛罗伦萨,其时正值宗教节日嘉年华会,各党派斗争十分激烈。但他对周围那些你死我活的激情已经不感兴趣,而且为了挑战萨伏那洛拉派的狂热,他雕塑了著名的《熟睡的丘比特》,这颇具古风的作品一直被人们称赞不绝。他在佛罗伦萨住了几个月,旋即赴罗马。直到萨伏那洛拉去世,他一直是艺术家中最具异教色彩的一个。萨伏那洛拉下令焚烧散布"虚荣和邪说"的书籍、装饰品、艺术品的那一年,他雕塑了《醉酒的巴克科斯》、《垂死的阿多尼斯》和巨型的《丘比特》。他的哥哥,教士利奥纳多,因相信预言而被追究。萨伏那洛拉四面楚歌。米开朗基罗没有返回佛罗伦萨去捍卫他,萨伏那洛拉被焚而死,米开朗基罗不置一词。在他的书信中找不到这个事件的任何痕迹。

他什么也没有说,但却雕刻了《耶稣之死》。

死去的基督躺在永远年轻的圣母膝上,仿佛睡着了一般。清纯的女神和孤独的神灵,线条中透着希腊古典艺术的朴实无华,却又渗入了一种难以言状的哀愁,浸润着这些美丽的躯体。他的灵魂这时被忧伤填满了。

这段描述表现出米开朗基罗作品的特点。宁静中的悲痛使观者因感同身受而被雕塑的氛围所感染。【感情真挚】

让他变得忧心忡忡的，还不只是当时那种充满忧患和罪恶的景象，一股专横的力量进入他的内心，而且再也不放松。天才的狂热控制了他，到死也没让他喘一口气。他对胜利并不抱幻想，却发誓要赢得胜利，既是为自己的荣誉，也是为家族的荣誉。整个家庭重担压在他一人肩上，他们缠着他要钱，他没那么多钱，但傲气使他从不拒绝他们，他宁肯把自己卖掉，也要把他们索要的款项给他们。他的健康已经受到损害，营养不良，居处阴冷潮湿，工作过度劳累，他的身体开始垮下来。头疼、肋部、腹部都不适，父亲常常责备他的生活方式，他却认为这不能怪他。

"我所受的罪，都是为你们受的！"后来米开朗基罗写信对父亲说，"……所有我操心的事，都是由于爱你们才造成的。"

1501 年春，他回到佛罗伦萨。四十年前，佛罗伦萨大教堂管理机构曾委托阿格斯蒂诺·迪·杜乔雕塑一座先知像，作品刚刚画出草图就停下来了。一块巨型大理石，没有人敢接手，此时便交给了米开朗基罗，硕大的《大卫像》由此诞生。

另外有一种说法，决定将任务交给米开朗基罗的行政长官皮尔·索德里尼去看雕像时，为了表现自己有品味，曾对雕像提出若干批评，他说鼻子显得有些笨拙。米开朗基罗于是拿了一把凿子和一点儿石粉爬上脚手架，用凿子轻轻晃动几下，慢慢撒下一些石粉，根本没碰那只鼻子，仍让它保持原样。然后他对着行政长官说："您看现在怎么样？"

"现在嘛，"索德里尼说，"我觉得好多了，您让它显得活了。"

米开朗基罗走下脚手架，心中暗暗好笑。

在这件作品里，似乎可以看到幽默的轻蔑。这是休憩状态下的一种骚动的力量，饱含着鄙视与悲哀。这种力量在美术馆的围墙之内感到窒息，它需要户外的空气，恰如米开朗基罗所说："需要直接照射的

通过一个小细节的叙述表现出了行政长官和米开朗基罗两个人的神态和个性。【细节描写】

名师导读

阳光。"

1504 年，佛罗伦萨市议会使米开朗基罗和莱奥纳多·达·芬奇成为死对头。

这两个人毫不投机。同样的孤独本应使他们相互接近，他们彼此间却感到比其他人距离更远。两人中更孤独的是达·芬奇，他那时五十二岁，比米开朗基罗年长二十岁。从三十岁起，他就离开了佛罗伦萨，这个城市极端的狂热让他难以忍受，他的天性柔和细腻，略有点儿腼腆，他那平和而又带有怀疑色彩的智慧，能接受一切，理解一切，实难与佛罗伦萨的偏激相契合。这位伟大的艺术爱好者，一个绝对自由且绝对孤独的人，对他的祖国、宗教乃至全世界都很淡漠，只是在像他一样有自由思想的君主身边，他才感到自在。1499 年，他的保护人卢多维克·勒·莫雷倒台，他被迫离开米兰。1502 年，他投身恺撒·波基亚门下效力。1503 年，这位亲王的政治生涯宣告结束，他不得不回到佛罗伦萨。在这儿，他讥讽的微笑迎面遇上米开朗基罗的阴沉和狂热，大大激怒了后者。米开朗基罗沉溺于他的激情和信仰之中，痛恨与之敌对的人，尤其痛恨那些毫无激情且无任何信仰的人。莱奥纳多·达·芬奇愈是伟大，米开朗基罗对他就愈反感，而且绝不放过表示其敌意的机会。

莱奥纳多·达·芬奇长相俊美，举止温文尔雅。一天，他和一个朋友在佛罗伦萨街上闲逛，他身穿一件长达膝盖的玫瑰色上衣，修剪得极为美观的卷曲长须在胸前飘动。在圣三一教堂附近，几个市民正聊天，他们讨论着但丁的一段诗。他们叫住莱奥纳多·达·芬奇，请他为他们阐明这段诗的含意。正巧此时米开朗基罗从这里路过，莱奥纳多·达·芬奇便说："米开朗基罗会给你们解释这些诗句的。"米开朗基罗以为这是有意嘲笑他，尖刻地答道："你自己去解释吧，你这做了铜马的模子却铸不成铜马的人，居然不知羞耻地半途中止了。"说完，他转身走了。莱奥纳多·达·芬

通过米开朗基罗对达·芬奇毫不遮掩的讽刺，体现主人公性格粗犷、不拘小节、快人快语的脾性。【对话描写】

奇站在那儿，脸红了。米开朗基罗意犹未尽，还想进一步伤害他，就嚷道："那些米兰混蛋居然相信你做得了这样的活计！"

就是这样的两个人，行政长官索德里尼居然安排他们共同做一件工作：市政议会大厅的装饰画。这是文艺复兴两支最强大的力量之间的奇特较量。1504 年 5 月，莱奥纳多·达·芬奇着手他的《安吉亚里战役》画稿。1504 年 8 月，米开朗基罗接到了《卡西纳之役》（又名《比萨之役》）的订单。佛罗伦萨为这两个对手分成了两派。——但时间把一切都扯平了，两件作品都已消失。

1505 年 3 月，米开朗基罗被教皇尤利乌斯二世召到罗马，从此开始了他生活中的英雄岁月。

这两位都是气魄宏大且急躁的人，只要不发生激烈的冲突，教皇和艺术家还是很投契的。他们的头脑中涌动着宏伟的计划，尤利乌斯二世要他建造一座与古罗马城相称的陵墓。米开朗基罗为这个气势磅礴的设想而热血沸腾，他胸怀巴比伦式的计划，想造出一座山一般的建筑，上面要安放四十多座硕大无朋的雕像。教皇兴奋非凡，把他派往卡拉雷采石场，去开采所有必需的石料。米开朗基罗在山中待了八个月，完全被一种超人的狂热所控制。"一天他骑马游逛，看见一座俯临海岸的山头，雕塑家突发奇想，要将它整个雕成一座巨像，让海上的航行者从远处也能望见……如果他有时间，如果人们允许，他定会这样做的。"

1505 年 12 月，他回到了罗马，他所选的石料也开始从海路运抵，堆放在米开朗基罗居住的桑塔——卡捷琳娜后面的圣彼得广场上。"石块堆得那么高，惊呆了所有的人，教皇为之狂喜。"米开朗基罗开始工作，性急的教皇不断来看望他，"和他聊天，像父子般亲热"。为了来去方便，他命人在梵蒂冈宫的走廊和米开朗基罗的住所之间搭了一座吊桥，作为他的秘密通道。

但这样的优遇并不持久，尤利乌斯二世的性格和

名师导读

米开朗基罗与达·芬奇性格的不同造成他们艺术风格的差异。"但时间把一切都扯平了，两件作品都已消失"，令人感到深深的遗憾。【意蕴深厚】

"并不持久"让叙述发生了转折，暗示米开朗基罗的境遇即将改变。【转折自然】

名师导读

米开朗基罗一样不稳定，他热衷于这样那样的计划。另一个计划在他看来更能让他的英名永垂不朽：他要重建圣彼得大教堂。这是受了米开朗基罗的对手们的怂恿。他们人数众多，实力雄厚，为首者是一个才能与米开朗基罗不相上下、但意志更坚强的人——乌尔比诺的布拉曼特，教皇的建筑师和拉斐尔的朋友。在两个极其理智的翁布里亚伟人和佛罗伦萨那位带有野性的天才之间，是不可能产生好感的。但他们之所以决心打倒他，无疑是由于他曾向他们挑战。米开朗基罗不假思索地批评布拉曼特，也许有理也许无理地控告他在工程中舞弊。布拉曼特当即决定要除掉他。

布拉曼特使米开朗基罗在教皇那边的威信降到了最低。他居然成功地使他搁下了其对手的计划，而用自己的计划取而代之。1506 年 1 月，尤利乌斯二世决定修建圣彼得大教堂，陵墓的修建搁置了下来，米开朗基罗不仅受到羞辱，还为作品上的花费欠下不少债。他辛酸地诉苦，教皇却不再接见他；他再次求见时，尤利乌斯二世让他的马弁把他赶出了梵蒂冈宫。

目击这幕场景的卢奎斯主教对马弁说："您难道不认识他？"

马弁对米开朗基罗说："请原谅我，先生，可我是奉命行事。"

米开朗基罗回去后立即上书教皇：

圣父，按教皇陛下的旨意，今晨我被逐出宫。现在我通知您，自今日起，如您对我有何差遣，可令人到罗马之外的任何地方找我。

他把信寄走之后，唤来一个住在他家的石材商和一个石匠，对他们说："去找一个犹太人，把我家里的一切全卖给他，然后你到佛罗伦萨来。"

接着，他骑马上路了。教皇收到信，派出五名骑兵去追他，晚上十一时许终于在波吉彭西追上了，交给他一纸命令："接到此令，立即返回罗马，否则严惩不贷。"米开朗基罗回答，他可以回来，只要教皇遵守

米开朗基罗把所有心思花在自己的作品上，然而换来的却是羞辱与不信任，这对于他是一种沉重的精神打击。【语句理解】

诺言，否则，尤利乌斯二世永远不必希望再看到他。

他寄给教皇一首十四行诗。

主啊，如果俗谚说得不错，

那正是所谓非不能也，是不为也。

你听信了谗言和无稽之谈，

还酬谢说假话的人。

而我，我过去是、现在也是你忠实的老仆，

我依附你犹如光依附太阳。

我所浪费的时间不曾让你痛惜，

我愈辛苦，你愈不爱我。

我曾希望靠你的伟大而伟大，

曾希望你公正的天平和强有力的利剑成为我唯一的评判，

而不是谎言的回声。

然而上天把德行投放人世后，

却又嘲弄它们，

似乎德行应该在一棵干枯的树上开花结果。

遭受尤利乌斯二世的侮辱还不是他决定逃离的唯一原因。在给朱利阿诺·达·圣·伽洛的一封信中，他透露了布拉曼特想派人暗杀他的意思。

米开朗基罗走了，布拉曼特成为唯一的大师。他的敌手逃离的第二天，他举行了圣彼得大教堂的奠基仪式。无可缓解的仇恨使他对米开朗基罗的作品穷追猛打，要永远摧毁他的事业。他让人将堆放在圣彼得广场的工地上、为尤利乌斯二世陵墓准备的石料抢劫一空。

此时，教皇正因雕塑家的反抗大为震怒，接连向佛罗伦萨市政议会发出敕令。米开朗基罗此时正躲在佛罗伦萨，市政议会把他召来，说："你居然跟教皇捣乱，连法兰西国王也不敢这么干，我们可不愿意为了你和教皇发生争端。因此你得回罗马，我们会给你带去有相当分量的函件，说明对待你的一切不公正，无异于对佛罗伦萨市政议会的不公正。"

名师导读

米开朗基罗用"依附你犹如光依附太阳"的比方象征自己对教皇的忠诚，但教皇却没有给他公正的待遇。主人公用诗的语言含蓄地表达了自己的不满。【象征】

名师导读

米开朗基罗的固执让大家感到惊讶。他提出条件，要求尤利乌斯二世让他继续建造陵墓，且不在罗马而在佛罗伦萨工作。到尤利乌斯二世出征佩鲁斯和波伦亚时，他的警告愈来愈严厉了，米开朗基罗想溜往土耳其，那里的苏丹曾托方济各派教士请他去君士坦丁堡，为佩拉河修建一座桥。

终于，他让步了。1506 年 11 月末，他心里别别扭扭地去了波伦亚，尤利乌斯二世刚刚攻陷了该城，正作为征服者入驻。

一天早上，米开朗基罗去圣彼得罗尼奥教堂做弥撒，教皇的马弁认出了他，把他带到正在赛泽宫用膳的尤利乌斯二世面前。尤利乌斯二世怒气冲冲地对他说："本当是你到罗马来晋见我们，你倒等着我们来波伦亚找你！"米开朗基罗跪倒在地，高声请求宽恕，说他的行为并非出于恶意，而是因为忍受不了被逐，一怒之下才出走的。尤利乌斯二世端坐在那里，垂着头，满脸怒气，索德里尼派来为米开朗基罗说情的一位主教想要调停，说道："望教皇陛下不要把他干的蠢事放在心上，他因愚蠢而犯错误。除了他们的艺术，所有艺术家都这样。"尤利乌斯二世雷霆大怒，吼道："你竟对他说连我们都不曾对他说的粗话，无知的是你……滚！你给我见鬼去！"他待在那儿不走，教皇的侍从便一顿老拳撵走了他。教皇把气全撒在主教身上以后，令米开朗基罗走到他跟前，宽恕了他。

不幸的是，为了与尤利乌斯二世和睦相处，必须听从他任意摆布。他那具有绝对权威的意志又转了向，他不再提陵墓，而要在波伦亚为自己铸造一座青铜巨雕。米开朗基罗一再申明他不懂铸铜的事，可是没用。他只好从头学起，这又是一段顽强拼搏的生活。他住在一间很糟糕的屋子里，总共只有一张床，他和两个佛罗伦萨助手——拉波和洛多维科，还有铸铜匠贝纳尔迪诺，四个人睡在一起。十五个月在数不尽的烦恼中度过，拉波和洛多维科偷盗他，他和他们闹翻了。

"跪倒在地"、"高声请求宽恕"写出米开朗基罗在教皇面前态度的卑微，由此我们可以体会到他性格中懦弱的一面。【动作描写】

这一个情节颇有些戏剧化，"老拳"这个词有些调侃的意味，令人忍俊不禁。【用词准确】

1507 年 6 月，浇铸失败，铜像只铸到腰部。一切得从头开始。直到 1508 年 2 月，米开朗基罗还在忙这件事，他的健康几乎毁在这上面了。

"我几乎没时间吃饭，"他在写信给他弟弟时说，"……我在极不舒服极艰难的环境中生活，除了夜以继日地工作，我什么也不想；我已受过那么多磨难，而今还得这样忍受下去。我觉得，如果再让我做一座这样的雕像，我这条命都不够用了：那是一桩巨人的工作。"

尤利乌斯二世的铜像于 1508 年 2 月落成，可惜在圣彼得罗尼奥教堂的正门前仅仅立了四年。1512 年 12 月，铜像毁于尤利乌斯二世的敌人班蒂沃利党人之手，其碎片被阿尔封斯·德·埃斯特买去，铸成了一门炮。

米开朗基罗回到罗马。尤利乌斯二世命令他承担另一项同样意想不到，却更加艰巨的任务。教皇命令这位根本不懂壁画技术的画家，去画西斯廷教堂的穹顶。人们会说他这是在发布不可能执行的命令，而米开朗基罗居然执行了。

似乎又是那个布拉曼特，看见米开朗基罗回来重新得宠了，便想出这一招来刁难他，好让他荣誉扫地。正是 1508 年，米开朗基罗的对手拉斐尔开始了梵蒂冈宫大厅的那组壁画，获得无与伦比的成功。这一来，米开朗基罗面临的考验就更加严重了，他竭力推辞这份可怕的光荣任务，甚至建议由拉斐尔取代他，他说这不属于他的艺术，肯定是做不好的。然而教皇十分固执，他只好让步。

1508 年 5 月 10 日，宏伟的工程开始了。幽暗的岁月，他一生中最黯淡而又是最崇高的年代！这是西斯廷的英雄，传奇式的米开朗基罗，他伟大的形象应当永远铭刻在人类的记忆中。

他在烦恼中受尽折磨。那时的信件表明，一种激愤的绝望情绪，并不能使他从那些神奇的构思中获得满足。

名师导读

这是米开朗基罗的呐喊，连用两个"极"字和"命都不够用了"表明繁重的劳动已经到了他能承受的极限。【用词准确】

"最黯淡"与"最崇高"对照着用，说明生命的低谷与艺术的高峰重叠在一起是何其不易，预示米开朗基罗奋斗历程的艰辛。【用词准确】

名师导读

米开朗基罗很有家庭责任感，但亦会与家人产生矛盾，比如在父亲对他的不信任、自己的异常艰辛换来的家庭富足却没有得到起码的感激的时候。然而在矛盾过后，他对家人、父亲的爱又是浓得化不开的。【内容理解】

我的精神极度沮丧，整整一年我没从教皇那儿拿到一文钱。我什么也没向他要，因为我的工作还没进展到一定的程度，似乎还不够资格索取报酬。工作中困难重重，皆因这并非我的本行，因此我白白浪费了许多时间而未见成效。愿上帝保佑我！

他刚画完《洪水》，作品就开始发霉，人物的面貌都辨别不清了。他拒绝继续画下去，但教皇不听任何辩解，他只得继续投入工作。

在疲劳与烦躁之外，还有家人那些可恶的纠缠。他们全家都靠他养活，滥用他的钱，拼命压榨他；他父亲不断为钱的事情唉声叹气、焦虑不安。在他自己早已不堪重负的情况下，还不得不花许多时间为老父排忧解难。

您别着急，这不是什么性命攸关的事……只要我有，就不会让您短少什么……即使您所有的一切都让人夺走了，只要我活着，您就什么也不会缺……我宁可一贫如洗而您好好活着，也不要拥有世上所有的财富而您不在人世……如果您不能像别人那样获得尘世的荣誉，尽可满足于有自己的一份面包，善良而贫穷地和基督生活在一起，如同我在此地这样。我是个可怜人，但我既不为生活也不为荣誉焦虑，而是为了世界。我在极度的艰难困苦和无穷的猜忌中度日，十五年来，我不曾有一天好日子，我竭尽全力支持您，而您从未意识到，也从不相信。上帝原谅我们所有的人！将来，我准备在我的有生之年，永远这样行事，只要我做得到！

他的三个弟弟也搜刮他。他们毫无顾忌地挥霍他在佛罗伦萨攒下的那点儿小资产。他们还跑到罗马来投靠他，博纳罗托和乔凡·西莫内要他替他们盘下一家商店，吉斯蒙多则要求买佛罗伦萨附近的地产。他们根本不感激他，仿佛这都是欠他们的。米开朗基罗知道他们在盘剥他，但他太骄傲了，不愿阻止他们。而这些家伙还不肯就此罢休，他们行为不端，趁米开朗基罗不在的时候虐待父亲。于是米开朗基罗大发雷霆，把弟弟们当顽童一般鞭打。他给弟弟写信：

乔凡·西莫内：

常言道，对善者行善使其更善，对恶人行善会使其更恶。多年来，我对你一直好言相劝，善行相助，只望把你引回正道，与父亲及我们大家和睦相处，而你却越变越坏……我可以对你苦口婆心，但这只是白费口舌。简单说吧，你得清醒地知道，你在世上一无所有，是我出于对上帝的爱来维持你的生活，因为我相信你和旁人一样是我的兄弟。可是现在，我肯定你不是我的兄弟，因为，如果你是，就不会威胁我的父亲。你简直是个畜生，我将像对待畜生般对待你。要知道，一个人眼见父亲受到威胁和虐待时，应当不惜为他冒生命危险……够了！……我告诉你，世上没有任何东西属于你，只要我再听说哪怕一点点儿小事，我会教你如何挥霍你的财产，我要把不是你挣来的房屋、产业一把火烧掉。你并不是你自认为的那个人，如果我来到你跟前，我会给你看一些能使你热泪滚滚的东西，让你明白你凭什么敢这样飞扬跋扈……如果你努力改邪归正，尊重和敬爱你的父亲，我仍会如帮助别的兄弟一样帮助你，而且，不久后，还可为你盘下一家好店铺。但你若不这样做，我会回来好好收拾你，让你明白自己是个什么东西，让你确切地知道自己在世上究竟拥有什么……不多说了！没说到的地方，我用事实来补足。

——米开朗基罗于罗马

另外，补充一句。十二年来，我在意大利各地过着凄惨的生活，我忍受着种种羞辱，经受着种种磨难，因劳累而毁坏了健康，无数次拿生命去冒险，为的只是帮助我的家庭。现在我刚刚使家业略有起色，你就想把我多年来千辛万苦建立起来的事业毁于一旦！……哼！这算不了什么！如有必要，我可以把你这样的人碎尸万段。因此，你得放明白点儿，不要把

这句话中，词语"大发雷霆"形象地突出了人物的神态，把弟弟当顽童一般鞭打，刻画出米开朗基罗对弟弟们行为的憎恨。【用词准确】

名师导读

真实写出了"我"的生活现状是极度苦闷、劳累的。【感情真挚】

具有与你完全不同的激情的人，逼到无路可走！

然后，他又给吉斯蒙多写信说：

我在这里过的是极度苦闷、极度劳累的生活。没有任何朋友，我也不想有朋友……很少有时间让我舒舒服服用餐。别再对我说烦心的事了，我已经不能再承受分毫烦恼了。

最后是第三个弟弟博纳罗托，斯特罗兹商店的店员，没完没了地肆意挥霍从米开朗基罗那里弄来的钱，还以花得比收到的更多自诩。米开朗基罗写信对他说：

我很想知道，你这个什么也不会干的人，你的钱是从哪儿来的；想知道，你从新圣马利亚银行支取我的二百二十八杜加金币，以及我寄回家的另外好几百金币时，是否意识到了我为养育你们操了多少心，受了多少苦。我很想知道你是否意识到了这一切！如果你有足够的聪明承认事实，就不会说"我花掉了自己那么多钱"，也不会跑到这儿来和我纠缠，拿你那些事来烦扰我，而把我过去为你们做的一切忘得干干净净。你本可以说："米开朗基罗知道他对我们说过什么，如果他现在还没做，肯定是被什么我们不知道的事情耽搁了。耐心等等吧！"当一匹马正在尽全力奔跑时，还用马刺去刺激它是不好的，不能要求它跑得比它所能达到的速度还要快。可是你们过去不了解我，现在也不了解我。愿上帝饶恕你们！是他赐我恩宠，使我得以帮助你们。但只有到我不在人世时，你们才能认识到这一点。

在这段时期，他完成了西斯廷的英雄作品。可是他付出了何等绝望的努力！他几乎要放弃一切再次逃跑。他相信自己快要死了，也许这正是他的愿望。

教皇被米开朗基罗的固执激怒了，米开朗基罗就是不肯让教皇提前看到自己的作品。这两个人都是高傲的性格，像两团挟带着暴风雨的乌云，不时会发生冲突。"一天，"龚迪维述说，"尤利乌斯二世问他何时能画完，米开朗基罗按他的习惯回答：'当我能够的时候。'教皇怒不可遏，用手中的权杖打他，连连重复：

'当我能够的时候！当我能够的时候！'米开朗基罗跑回家，打点行装准备离开罗马。尤利乌斯二世赶紧派人去见他，带给他五百杜加金币，尽其所能地抚慰他，并代表教皇道歉。米开朗基罗接受了道歉。"

但第二天，冲突再次重演。终于有一天，教皇怒气冲冲对他说："你是想要我命人把你从脚手架上扔下来吗？"米开朗基罗只好让步，他让人撤去脚手架，展露出他的作品，这天恰是1512年的万圣节。

在这个盛大而阴沉的节日里，接待着亡灵节忧伤的幽灵，这件骇人的作品正好在这个时候完成了。这个不朽的杰作充满掌握生杀予夺之权的神灵，神明如疾风暴雨般横扫一切，吞没了所有生的力量，而一切又在其中得到了永生。

名师导读

这一句说的是穹顶画《创造亚当》中的内容，喻示着上帝掌握一切人间的力量，而神性的灌注亦使上帝在人间得到永生。

【意蕴深刻】

名师伴你读

品读与赏析

米开朗基罗从小迷恋绘画，克服家庭阻力，到文艺复兴的中心——意大利学习雕塑，这对米开朗基罗的艺术发展产生了深远的影响。1508年完成教皇的铜像铸造，1512年完成西斯廷穹顶画，这是他生涯中的英雄时代。但艰辛的工作、家庭的矛盾、诸多的打击已让他健康堪虞。

学习与借鉴

1. 严肃地写琐事：关于米开朗基罗叙述的多是琐事，但平淡无奇的琐事往往体现着人们真实的个性，因而比重大的事件更有真实感。

2. 作品的人文情怀：只有真正理解人物全部的内心世界及其全部行为的真正动机和意义，才能真正把一个人物写活。

力的冲突

一腔热血的米开朗基罗对自己的每一项工作都十分投入，但上帝并不因为他的勤奋刻苦而垂青他，相反让他经历了很多磨难。我们看看他是怎样面对这些磨难的。

米开朗基罗从这项需要巨人之力的工作中走出来了，也尝到了荣誉带给他的甘甜，同时他也精疲力竭了。经年累月仰面朝天地画西斯廷教堂的穹顶，"他的眼睛已经坏到极点，以致很长时间，他读一封信或看一件东西时，必须把它们放在自己的额头上。"

他这样自嘲：

这宗苦刑把我变成了臃肿的怪物，

像那些让水泡胀的伦巴第的猫。

……我的肚子几乎抵住下巴，胸好似一只鹰，

我的胡子朝天，头倚着后背；

画笔上滴下的颜料，

给我的脸涂上了五颜六色的彩绘。

我的腰部缩进身体，全靠臀部维持平衡。

我偶尔也走路，却看不见自己的脚背。

我的皮肤在前身拉长而在后背缩短，

活像拉开的叙利亚的弓。

我的智力也和身体一样怪诞：

因为已折弯的芦苇是吹不出曲子来的……

但这种幽默的口气并不是米开朗基罗内心的真实写照，米开朗基罗因变得这般丑陋着实苦恼。像他这样的人，比任何人都醉心于形体美，丑陋简直是一种耻辱。在他的某些恋歌中，可以找到其自卑心理的痕迹。他终生为爱情备受折磨，似乎从未得到回报，因而他的痛苦格外深。于是他变得内向，只是在诗歌中倾诉他的柔情和悲苦。

他从童年时代就开始写诗，写诗成为他迫切的需要。他的素描、信件、

散页上，涂满了他反复修改加工的思想。不幸的是，1518年他把青年时代的大部分诗稿都焚毁了，还有一些在他死前也销毁了。但留存下来的少量诗歌，已足以展现他对诗歌的激情。

最早的诗是1504年前后在佛罗伦萨写的：

爱神啊！只要成功地抵挡住你的狂热，

我的生活就会多么的幸福！

唉！而今我涕泪沾襟，

皆因感受到了你的力量……

写于1504和1511年的两首短小情诗，很可能是给同一位女子的，其中包含极为伤心的表白：

是谁硬把我带到你身边去，

唉，唉，唉，

使我紧紧套上锁链？

而我还是自由的！

我怎么可能不再属于我自己？

啊，上帝！啊，上帝！啊，上帝！

是谁把我和我自己分离？

……

是谁占据我胜于我自己？

啊，上帝！啊，上帝！啊，上帝！……

1507年12月从波伦亚发出的一封信的背面，写有一首充满青春气息的十四行诗，诗中故作风雅的肉欲表白，令人想起波提切利来。

鲜艳的花冠戴在她的金发上，他是多么幸福！

谁能第一个吻她，如同鲜花紧贴她的额头！

下摆散开的长袍终日紧裹她的胸脯，它真幸福！

金丝般的长发永不厌倦地轻抚她的脖颈和脸颊。

金丝织成的饰带更加走运，它温柔地轻压她的胸部。

似乎在说："我愿永远搂紧她……"

啊！……那么我的手臂又当如何！

在一首含自省意味的带隐私性质的长诗中——在此很难确切引述，米开朗基罗以格外露骨的词句描述了他的爱情苦恼：

我一天不见到你，便处处不得安宁。

若是见到你，我便仿佛久旱逢甘霖……

每当你向我微笑，或在街上向我致意，

我便如火药般燃起……

每当你跟我说话时，

我总是红着脸，一句话也说不出，

我强烈的欲念顷刻间无影无踪……

接着是一声声痛苦的呻吟：

……啊！无尽的痛苦，

撕裂着我的心，

想到我如此爱恋的人儿根本不爱我，

我怎么活呀？……

在梅迪契圣堂的圣母像画稿的白边上，还写有这样几行：

当阳光普照大地，

唯我独在黑暗中受煎熬。

人人欢快，我却躺倒在地，

在痛苦中呻吟、哭泣。

在米开朗基罗强有力的雕刻和绘画中，爱是缺席的，他只让人们看到他最具英雄气质的思想。他似乎羞于在作品中流露感情的软弱，而只在诗歌中倾诉。正是在这方面，应该探寻他粗犷外表下温柔而怯懦的内心秘密。

我爱，为何我来到人世？

西斯廷的任务完成了，尤利乌斯二世也去世了。米开朗基罗返回佛罗伦萨，回到他念念不忘的计划——尤利乌斯二世的陵墓上。他签订了七年之内完工的合同。三年之中，他几乎全力以赴从事这项工作。在这段相对平静——伤感而宁静的成熟时期，西斯廷时期沸腾的热情平复了下来，犹如波涛汹涌的大海重归平静，米开朗基罗制作出了他最完美的作品，其热情与意志达到最佳均衡状态的作品《摩西》和收藏在卢浮宫的《垂死的奴隶》及《被缚的奴隶》。

然而这只是短暂的平静，狂澜几乎立即卷土重来，这使米开朗基罗再度陷入了黑暗之中。

新任教皇力图把米开朗基罗从颂扬其前任的事业中拉出来，转而为自己那个家族树碑立传。这对他来说只不过是自尊心问题，并不意味他对米开朗基罗有特别的好感。以他那种伊壁鸠鲁般的气质，绝不可能理解米开朗基罗这种忧郁的天才，他的全部恩宠集于拉斐尔一身。然而完成西斯廷大教堂的人是意大利的光荣，利奥十世想要这个人成为他的奴仆。

他建议米开朗基罗建造圣洛伦佐教堂——即梅迪契教堂的正门。米开朗基罗见拉斐尔趁他不在时成为罗马的艺术权威，想要和拉斐尔一比高低，便不由自主地让人给套上了新任务的锁链。事实上，要完成新任务而又不放弃原来的工作是不可能的，这又成了他那无穷烦恼的原因。他竭力让自己相信他可以同时进行尤利乌斯二世的陵墓和圣洛伦佐教堂这两项工作。他打算把大部分工作交给助手，自己只做那些主要的雕像。然而按他的老习惯，他越来越为他计划着迷，不久他就不能容忍和旁人分享荣誉，何况他还担心教皇收回成命，于是他央求利奥十世把这条新锁链给他锁上。

当然，他不可能继续尤利乌斯二世的纪念性建筑了。最可悲的是，他也没能更多地完成圣洛伦佐教堂的建设。他赶走了所有的合作者还不算，以他事必躬亲的可怕怪癖，他不待在佛罗伦萨制作他的作品，却跑到卡拉雷去监督采石工作。在那儿他遇上了各种各样的麻烦。梅迪契家族想用佛罗伦萨最近购得的皮耶特拉桑塔采石场的石料，而不乐意用卡拉雷。由于米开朗基罗主张用卡拉雷石料，被教皇指为受到卡拉雷人收买。为了服从教皇的命令，他又受到卡拉雷人的刁难，他们和航运人员串通一气，从热那亚到比萨，他找不到一条船肯为他运石料。他不得不在崇山峻岭之间和遍地沼泽的平原之上修筑一条道路做运输线。当地人不肯拿出钱来帮助筑路，工人也不懂怎样干活儿。采石场是新的，工人也都是新手。米开朗基罗哀叹道："我想要开山筑路，好把艺术带来这里，这真好比是做一件让死人复活的事情。"

然而，他矢志不移："我所承诺的，必须不惜一切代价去做；我将做出意大利从未有过的最美的作品，如果上帝助我！"

他的多少热情、多少努力、多少汗水都白费了！到 1518 年 9 月末，由于劳累过度，加上烦恼多多，他在塞拉维扎病倒了。他知道他的健康和梦想在这操劳的生活中已日趋衰竭，他因渴望有朝一日重新工作而焦虑，为迟迟不能如愿而悲哀。他一直为他那些未能履行的契约而受折磨。

我烦得要死，因为我那该死的命运总是不让我做我想做的事情……我痛苦得要死，我的行为像个骗子，尽管这根本不是我的错……

回到佛罗伦萨，他心急如焚地等待石材运抵码头。谁知阿尔诺河干涸，满载石材的船只无法溯河而上。

最终，石材运到了。这次，他可以开工了吗？不，他又回到了采石场。和上次为尤利乌斯二世修建陵墓一样，在石材堆积如山之前，他固执地不肯动工。他一再推迟开工的日期，也许他是害怕，他是否不慎夸下了海口？是否过于鲁莽地签下了这项宏伟建筑的修建合同？这可不是他的本行。他上哪儿去学习这一行呢？现在，他已没有退路，不进也不能退了。

经历了这么多磨难，仍然未能保障石料的安全运送。运往佛罗伦萨的六根整体立柱中，有四根在路上断裂，有一根在佛罗伦萨当地折断。他受到他的那些工人的欺骗。

那么多宝贵的时间白白浪费在采石场和泥泞的道路上，教皇和梅迪契大主教终于不耐烦了。1520年3月10日，教皇一道敕令，取消了1518年与米开朗基罗签订的建造圣洛伦佐教堂的合同。直到派去接替他的工人队伍到达皮耶特拉桑塔，米开朗基罗才得知这一消息，他深深地受到了伤害。

"我不同大主教计较我在此花掉的三年光阴！"他说，"我不跟他计较我为这圣洛伦佐教堂的作品破了产，我也不跟他计较对我的侮辱：一会儿委任我做这件事，一会儿又不让我做，我只是不明白，这究竟是为什么？我不跟他计较我所损失的一切、所耗费的一切……现在，此事可归结为：教皇利奥把采石场和那些切割好的石块收回，我手中是他给我的五百杜加金币，还有人家还给我的自由！"

米开朗基罗应该指责的不是他的保护人们，而是他自己，他心里很明白，这正是他最大痛苦之所在。他和自己搏斗，从1515年到1520年，正当他精力充沛、才华横溢的时期，他干了些什么？——平淡无奇的《弥涅瓦的基督》，一件毫无米开朗基罗特色的米开朗基罗的作品！而且还没有完成。

1515年至1520年，伟大的文艺复兴运动最后几年中，在大动乱尚未葬送意大利的春天之前，拉斐尔创作了《画室》、《火室》、《法内西娜》等各种各样的杰作，建造了圣母宫，主持了圣彼得大教堂的修建，领导着文物的发掘、节日的庆典、纪念性建筑的建立，掌管着艺术，创立了一个从者无数的画派，然后在他的辉煌业绩中溘然长逝。

米开朗基罗后来那些阴郁的作品：梅迪契的陵墓、尤利乌斯二世纪念碑上的新雕像，反映出了他的幻灭的苦涩、虚度年华的绝望、希望破灭和意志被摧毁。

向往自由的米开朗基罗，用了他的一生，总是才出虎口又进狼穴，不断更换着主人。红衣主教尤利乌斯·德·梅迪契，不久后成为教皇克雷芒七世，从1520年至1534年一直主宰着他的命运。

人们对克雷芒七世颇多微词，他也和所有教皇一样，想把艺术和艺术家用作显耀其家族的工具。不过米开朗基罗对他没有太多怨言，任何一个教皇都不像这位教皇那么喜爱他。没有一个教皇曾对他的作品怀有如此持久的兴趣和热情。没有人比他更了解米开朗基罗意志的薄弱，知道必须时时给他鼓励，阻止他浪费精力。甚至在佛罗伦萨叛乱和米开朗基罗造反以后，克雷芒对他的态度也没有改变。然而平息他内心的焦虑却不取决于教皇，狂热、悲观、致命的忧郁，啮噬着这颗伟大的心。一个主人的仁慈又有何用？他毕竟是主人啊！……

"我为教皇工作，"米开朗基罗后来说，"完全是不得已。"

一点点儿的荣耀和一两件美丽的作品算得了什么？这和他的梦想相距太远了！他开始衰老了，周围的一切都黯淡下来。文艺复兴正在消亡，罗马即将遭受蛮族的蹂躏。一个可怕阴影渐渐压住意大利的思想。米开朗基罗感觉到悲剧时刻的来临，他忍受着令人窒息的哀伤。

把米开朗基罗从困境中拉出来以后，克雷芒七世决心把他的天才引上一条新路，还要就近监督他。他让米开朗基罗承建梅迪契教堂和陵园的建筑，要他全身心为他服务。他甚至建议他参加教派，好送他一笔教会的俸禄。米开朗基罗拒绝了，但克雷芒七世仍然按月给他薪俸，三倍于他要求的数额，还答应送给他一座邻近圣洛伦佐教堂的房子。

一切似乎都很顺利，教堂的建筑工程也在积极进行，这时米开朗基罗突然放弃了住房，拒绝接受克雷芒七世给他的月俸。他又在经历一次灰心丧气的新危机。尤利乌斯二世的继承人不能原谅他放弃已经着手制作的作品，他们宣称要控告他，要对他的品格提起诉讼。一想到打官司，米开朗基罗害怕了。他的良心承认对手们占着理，责备自己没有遵守诺言，他觉得在没有清偿尤利乌斯二世这笔欠账之前，绝不能接受克雷芒七世的金钱。

"我干不下去，也活不下去了。"他写道，他恳求教皇在尤利乌斯二世的继承人面前为他调停，并帮助他偿还他欠他们的一切：

我要卖掉一切，我会竭尽所能去补偿他们。

或者，允许他全力以赴去从事尤利乌斯二世的纪念性建筑：

我企盼从这桩义务中解脱出来，比求生的愿望更强烈。

想到克雷芒七世一旦驾崩，他将受到敌人们的追诉，竟像孩子般绝望地哭了起来：

如果教皇扔下我，我也不会再活下去……我不知道我在写些什么，我的脑子全乱了……

克雷芒七世倒没把艺术家的绝望看得多么严重，只是坚持不让他中断梅迪契教堂的工作。他的朋友们也不理解他那些顾虑，都劝他别闹出拒绝薪俸的笑话。有的人对他这种欠考虑的行为很不以为然，请求他今后千万别再这么任性。有的人给他写信：

听说你拒绝了你的薪俸，放弃了你的住房，还中止了你的工作，在我看来这纯粹是疯狂行为。我的朋友，我的伙伴，你这是在和自己作对……别再管尤利乌斯二世的陵墓，收下你的俸银吧，他们给你薪俸完全是出于好心。

米开朗基罗十分固执，教皇的司库戏耍他，当真按他的请求撤销了他的薪俸。可怜的人，陷入了绝境，几个月后他不得不重新申请他曾拒绝的钱。起初他很胆怯，羞答答地写道：

亲爱的乔凡尼，既然羽笔总是比舌头更大胆，我就把近来屡次想对您说，却又没勇气亲口说出的话写信告诉您：我还能得到月俸吗？……即使我确信不再有薪俸，我也不会改变自己的安排，我将一如既往尽力为教皇工作，但我将相应地调整我的业务。

接着，因生活所迫，他再次写信：

在仔细考虑之后，鉴于教皇如此关注圣洛伦佐教堂这件作品，且主动给我一笔月俸，想让我更有条件加快工程进度，那么我若不接受月俸便无异于延宕工期了，所以我改变了主意。迄今不曾申请薪俸的我，现在，出于一言难尽的理由，我要提出申请了……您能否从答应我的那一天算起，把这笔钱给我……请告诉我何时能拿到这笔钱。

人家想给他点儿教训，便装聋作哑。两个月以后，他还是什么也没拿到。后来他只好再三提出申请。

他在烦恼中工作，他抱怨这些烦心事把他的想象力都扼杀了：

……烦恼对我有很大影响……一个人不可能手上做一件事，脑子里想着另一件事，尤其是雕刻。听说这是为了给我点儿刺激，可我觉得这是一种不好的刺激，它使人退而却步。我已经一年多没拿到月俸了，我在贫困中挣扎。我独自一人应对这些困难；何况麻烦事那么多，令我无心于艺术，我找不到一个给我帮忙的人。

克雷芒七世有时被他的痛苦所打动，让人向他转达深切的同情，向他保证："只要他活一天就一定会善待他。"但寻事成性的梅迪契族人又来找他的麻烦。他们非但不减轻他的工作负担，反而给他压上一些新的任务，其中一座荒谬的巨像，头顶一座钟楼，手臂是根烟囱，为这件古怪的作品，米开朗基罗又耗费了若干时间。此外，他那些工人、泥瓦匠、车夫，受到宣传八小时工作制的诱惑，也不断和他闹纠纷。

灾祸从来不会单独来到，米开朗基罗家里的麻烦事有增无减。他父亲岁数越大、脾气越坏，也越不讲理。一天，他竟从佛罗伦萨的家中出逃，说是他儿子将他逐出家门。米开朗基罗给他写了这封感人至深的信：

亲爱的父亲，昨天回家没看见您，我感到非常惊异，今天我听说您怨怪我，说我把您赶出了家门，我就更加惊异了。自我出生到现在，我自问不曾做过任何无论大小使您不快的事；我所受的一切磨难，都是为爱您而受的……我一直为您着想……没几天以前，我还对您说过，只要我活着，就会以我全部精力为您作奉献，在此我不妨再对您说一次。您这么快就忘了这一切，真让我惊骇。三十年来，您是很了解我的，您和您的儿子们知道我一直待您很好，无论思想上还是行动上，我都已尽我所能。您怎么能到处说，是我把您赶走的呢？您难道看不出这会给我带来什么样的名声吗？现在，我的烦心事够多的了，实在不能再增添任何烦心的事；而所有这些烦心事，都是因爱您的缘故！您真是给了我一个好回报！……唉，爱怎么着就怎么着吧！我愿意使自己相信我不断地给您带来羞辱和损害，我请求您原谅这一切，好似我真的做过这种事一样。宽恕我吧！如同对待一个生活一贯放荡、对您做尽世上所有坏事的儿子那样。我再次请求您，原谅我这个可怜人，别给我造成逐您出门的名声，名誉对我的重要性是您所意想不到的。无论如何，可我总归是您的儿子吧！

这样多的爱，这样的恭顺，只能暂时安抚老人乖戾的个性。过了一段时间，他又说儿子偷了他的钱，米开朗基罗忍无可忍，写信对他说：

我不知道您到底想要我怎么样。如果我活着成了您的负担，您已经找到了摆脱我的好办法……我一直在偷您的钱，我应该受到惩罚，为此您会受到高度赞扬！……您愿说我什么，嚷嚷什么，尽管去说、去嚷吧，但就是别再给我写信，因为您让我没法工作。您逼得我想起二十五年来您从我这儿得到的一切。我不愿说起这个，但终于被逼得不能不说！……请注意……人只能死一回，他不可能死后再回来补赎他的不公正行为。您是要等到临终时才肯改正错误了，愿上帝保佑您！

这个不幸的艺术家，他的家庭就是这样支持他的。

"忍耐！"他给一个朋友的信中叹息道，"但求上帝别让使他不快的事搅得我不痛快！"

这些不愉快的事情，大大地影响米开朗基罗的工作效率。到1527年意大利发生政治大动荡时，梅迪契教堂的雕像还没有完工。这样，1520年至1527年这个阶段，他的伤痛上又洒了一些盐。十年来，没有一件成品，没有一个完成了的草图，这给米开朗基罗的心里增加了重重的阴影。

名师伴你读

品读与赏析

　　本节选了一些日常生活中的片段,集中反映了米开朗基罗生存的痛苦状态。由于自虐式的清教徒生活和超负荷的劳动强度致使他的形体发生了一些改变,而这样的改变是一个追求美的艺术家所不能接受的。健康也每况愈下。尽管他也有一些绮丽的情感,但最终也由于性格的懦弱而搁浅。在事业上仿佛永远是别人的奴隶,不过是从一个羁绊转到另一个羁绊而已。他不仅从未感受到任何家庭的温暖,而且总处于亲人无休止的纠缠和中伤中。幸运从未眷顾过他,他贫病交加,整整十年没有任何大的建树。

学习与借鉴

　　1. 多侧面反映人物和事件:除了表现米开朗基罗性格中孤傲、坚强的一面以外,本节还刻画了他温柔、信守承诺的一面,使人物形象立体、丰满。

　　2. 矛盾体现集中化:在叙述米开朗基罗建造圣洛伦佐教堂时,将矛盾集中起来体现,使情节环环相扣,文章显得曲折有致,高潮迭起。

绝 望

名师导读

作为一个艺术家，艺术就是他的一切，米开朗基罗真想静下心来做自己的工作，可是在那些动荡的岁月里他那颗敏感的心被弄得伤痕累累。他真的累了吗？

米开朗基罗厌恶一切也厌恶自己，这种状态下他被卷入了在 1527 年佛罗伦萨爆发的洪流之中。

到目前为止，米开朗基罗在政治方面的态度，同样是犹豫不定的。他个人的感情和他对梅迪契家族承担的责任从来不曾协调一致。这位天才在行动上总是瞻前顾后，他不敢对抗人世间政治和宗教的权势。他的书信总是流露出对自己、对家庭的担忧，他害怕因为一时的冲动，说出反对某个专制行为的大胆言词而惹祸上身。同时，他时时刻刻写信给家人，嘱咐他们多加小心，别多嘴多舌，一有风吹草动就赶快逃。

要像发生瘟疫的时候那样，尽早逃跑……性命比财产重要……安分守己，切勿树敌，除了上帝，别信任任何人，不要议论任何人的短长，因为事情的结局无法预料……最好独善其身，不要介入任何事端。

他的兄弟和朋友们都笑话他的胆小怕事，拿他当疯子看待。

"不要嘲笑我，"米开朗基罗伤心地回答，"不应该嘲笑任何人。"

这个伟人无休止的提心吊胆的确没什么可笑之处，倒是他那可怜的神经很值得同情，它使他成为恐怖玩弄的对象，尽管他一直与之搏斗，却从未战胜过。遇到危险时，他第一个举动就是逃跑，这丢脸的冲动过去以后，他会更着意强制他病态的身心去面对危险。

"性命比财产重要"，体现了米开朗基罗人本主义的思想；对家人的殷殷嘱咐则表现出他谨小慎微的一面。
【语言描写】

何况他比别人更有理由恐惧，因为他比别人聪明，他的悲观主义也只会让他对意大利的厄运看得更清楚。但是，以他怯懦的天性，要卷入佛罗伦萨这场革命，真得有一种绝望的激愤，才会揭开他灵魂的底蕴。

这颗灵魂，那么战战兢兢地深藏不露，却满怀热烈的共和思想。有时候，在知己朋友面前，或情绪格外激动时，这种思想会在火热的言词中流露出来。特别是后来与他的朋友路易吉·德尔·里奇奥、安东尼奥·佩特莱阿和多纳托·吉阿诺蒂的谈话，吉阿诺蒂在他的《关于但丁〈神曲〉的对话》中曾加以引述。朋友们奇怪但丁为何把布鲁图和卡西乌置于地狱最后一层，而恺撒倒放在他们之上。米开朗基罗被问及此事，便为弑君者辩护道：

如果你们仔细读过前面几章，就会看出但丁非常了解暴君的天性，他知道他们该受到上帝和人类何等样的惩罚。他把他们归入"对他人施暴"一族，罚入第七层地狱，将他们投入沸腾的血海之中……既然但丁这样看待，那就不可能不认同恺撒是该国暴君和布鲁图与卡西乌杀他属正义行为的说法。因为杀死暴君的人并不是杀了一个人，而只是杀了一头人面野兽。所有的暴君都丧失了人所共有的人类之爱，他们已失去人的本性，而只有兽性。他们显然对同类没有任何爱心，否则不会强取豪夺他人之所有，也不致成为蹂躏他人的暴君……很明显，杀死暴君并未犯杀人罪，既然他没有杀人，而只是杀了一头野兽，因此，杀死恺撒的布鲁图和卡西乌并没有犯罪。首先，他们杀掉的是每个罗马公民依照律法坚持要杀的人；其次，他们杀掉的不是人，而是一只人面野兽。

因此，当罗马被查理五世大军攻陷（1527 年 5 月 6 日）、梅迪契王族被逐（1527 年 5 月 17 日）的消息传到佛罗伦萨，唤醒了当地人的民族意识及共和观念，佛罗伦萨人揭竿而起，米开朗基罗冲到了起义队伍的前列。同样是这个人，平日嘱咐家人远离政治犹如逃

名师导读

> 这里所谓"灵魂的底蕴"就是下文体现的他深深的国家意识和共和观念，以及在这种思想指导下的革命行为。【语句理解】

> 米开朗基罗有一颗基督徒虔诚的心，基督的原则是自由的。他爱普天下的人民，痛恨强暴、奴役，他的灵魂深处潜藏着深刻的国家意识和共和观念，所以当乡人揭竿而起推翻暴政时，他站到了最前列。【前后照应】

避瘟疫，此刻竟兴奋狂热到天不怕地不怕的境地。他留在瘟疫与革命肆虐的佛罗伦萨，他的弟弟博纳罗托染上瘟疫，死在他的怀抱里（1528 年 7 月 2 日）。1528 年 10 月，他参加了守城事宜的讨论。1529 年 1 月 10 日，他被选为城防工作民兵组委会委员，4 月 6 日，被任命为佛罗伦萨城防工事的总督造，任期一年。6 月，他去视察比萨的城堡和阿雷佐、里窝那的防御工事。7 月和 8 月，他被派往费拉拉，考察那儿著名的防御工程，和当地的大公、著名的防御工程专家一起讨论问题。

米开朗基罗认定佛罗伦萨城防最重要的地点是圣米尼亚托山冈，他决定在这个地方建炮垒。但是，不知什么原因，他和佛罗伦萨的行政长官卡波尼发生了冲突，后者甚至试图打发他离开佛罗伦萨。米开朗基罗怀疑卡波尼和梅迪契余党想把他撵走，以阻碍城防工作，便干脆待在圣米尼亚托不再动弹。他病态的猜疑，助长了这个被围在城中的流言，而这一次的流言还并非毫无根据，受到怀疑的卡波尼被撤职了，弗朗切斯科·卡尔杜切取代他担任行政长官，同时任命让人不大放心的马拉特斯塔·巴利奥尼为佛罗伦萨守军的统领和总司令，此人后来果然向教皇献城投降。米开朗基罗预感到这一罪行，且将他的疑虑告诉了市政厅。"行政长官卡尔杜切非但不感谢他，反责骂了他一顿，责备他总是这样多疑和胆怯。"马拉特斯塔听说米开朗基罗告发了他，一个具有这等素质的人，为了除掉一个危险的对手，是什么事都干得出的。何况他是佛罗伦萨的总司令，其权势自然炙手可热。米开朗基罗觉得自己完蛋了。他写道：

我已决定无所畏惧地等待战争结束。但 9 月 21 日，星期二早晨，有人来到圣尼古拉城门外我所在的炮垒，悄悄地告诉我说，如果我想逃命，就得赶快离开佛罗伦萨。他随我回到家里，和我一起用餐，为我弄来马匹，直到目送我走出佛罗伦萨才离开我。

瓦尔奇对这些消息做了进一步的补充，他说米开朗基罗"在三件裙式衬衣中缝进了一万两千弗洛林金币，而且他和里纳尔多·柯尔西尼及安东尼奥·米尼一起从防守最松的正义门逃离佛罗伦萨时，并非没遇到困难"。

几天以后，米开朗基罗写道："我不知道究竟是神灵还是魔鬼在驱使我。"

这是习惯性的恐怖精灵在作怪。如果人们所说的属实，他在路过卡斯泰尔诺沃时，曾在前行政长官卡波尼处停留，他把自己的遭遇讲得那么惊心动魄，吓得老人几天后便一命归西。

9月23日，米开朗基罗到了费拉拉。由于精神紧张，他拒绝了当地大公的邀请，不肯住进大公的城堡，而是继续逃窜。9月25日，他抵达威尼斯。当地市政厅获悉，立即派遣两名使者去见他，表示愿提供一切服务以满足他的需要。但米开朗基罗一则心有愧疚，二则性情孤僻，拒绝了人家的好意，躲到了吉乌得卡。他唯恐躲得不够远，想要逃往法国。就在他抵达威尼斯的那一天，就发了一封忧心忡忡且十万火急的信件，给法王弗朗索瓦一世在意大利采购艺术品的代理人——巴蒂斯塔·戴拉·帕拉。

巴蒂斯塔，亲爱的朋友，我已离开佛罗伦萨，要到法国去。到威尼斯后，我打听了一下路径，人家告诉我，要去那儿必须经过德国国土，这对我来说既危险又困难。您还有意去趟法国吗？……请您告诉我，您希望我在哪儿等您，我们好一道去……收到我这封信后，望尽快给我一个回音，因为我急于到那边去。如果您不打算再去，也望告诉我一声，以便我做出决定，不惜一切代价，独自前往……

法国驻威尼斯大使拉扎尔·德·巴依夫，连忙写信给弗朗索瓦一世和蒙莫朗西的陆军司令，催促他们利用这个机会，将米开朗基罗留在法国宫廷。法国国王立即表示，愿给米开朗基罗提供一笔年俸和一所房

🌸 **名师导读**

对于一个意识世界极为丰富、心灵感受格外敏锐的人，倘若说肉体的疲累疾苦还可以忍受，那么内心的烦虑苦恼则难以承担，因为这会生出绝望、悲观或虚无，把人拖入精神的苦海。
【意蕴深刻】

名师导读

"紧张情绪"、"感到脸红"写出了米开朗基罗对自己逃亡行为的不安。【用词准确】

屋。但信札往返毕竟需要一段时间，弗朗索瓦一世的复信到达时，米开朗基罗已经回到了佛罗伦萨。

紧张情绪放松下来，在吉乌得卡的寂静生活中，他有了闲暇为自己的恐惧感到脸红。他的逃亡在佛罗伦萨已传得沸沸扬扬。9 月 30 日，市政厅宣布：所有逃亡者如在 10 月 7 日前不返回，将以叛逆罪论处。到了指定的那一天，逃亡者果然被判为叛逆，其财产一概没收。然而米开朗基罗的名字没有列入名单，市政厅给了他一个最后期限，佛罗伦萨驻费拉拉大使加莱奥托·吉乌尼通知佛罗伦萨共和邦，说米开朗基罗得悉命令太晚了，如能对他网开一面，他准备回来。市政厅答应宽赦他，还让石匠巴斯蒂阿诺·迪·弗朗切斯科把一张安全通行证带到威尼斯交给他。巴斯蒂阿诺还转交给他十封朋友们的信，都是求他回去的。在这些人当中，仁厚的巴蒂斯塔·戴拉·帕拉对他的召唤尤其充满爱国热忱：

你所有的朋友，不管观点如何，都毫不犹豫、异口同声地恳求你回来，为了保住你的性命、你的故土、你的朋友、财产和你的幸福，为了享有一个你曾热烈渴望和企盼的新时代。

他相信佛罗伦萨回到了黄金时代，毫不怀疑美好的事业已经成功。而梅迪契家族重新上台以后，这可怜人却成为第一批受害者之一。

他的话对米开朗基罗起了决定作用。他回来了，但行动迟缓。巴蒂斯塔·戴拉·帕拉先于他到达卢奎斯，等了他许多天，简直开始绝望了。终于，11 月 20 日，米开朗基罗才回到佛罗伦萨。23 日，市政厅撤销了对他的判决，但三年之内，他不得进入议会。从此，米开朗基罗勇敢地恪尽职守，直至最后。他重返圣米尼亚托的岗位，那儿已被敌人炮击了一个月，他重新加固了山冈上的工事，创造了一些新的器械，听说他还将羊毛和被褥挂在绳上，保护钟楼幸免于难。关于围城期间他最后的活动，1530 年 2 月 22 日得到的一则消息是，他爬到教堂的圆顶上，监视敌人的动向，或者是检查圆顶的状况。

预感到的灾祸终于成为事实。1530 年 8 月 2 日，马拉特斯塔·巴利奥尼叛变。12 日，佛罗伦萨投降，当局把城市交给了教皇的使者巴乔·瓦洛里。屠杀开始了。最初几天，什么也不能阻止战胜者的报复行为，米开朗基罗最好的朋友巴蒂斯塔·戴拉·帕拉是第一批被杀害的。据说，米开朗基罗躲进了阿尔诺河对岸圣尼古拉教堂的钟楼。

他的确有害怕的理由，因为流言说他想要捣毁梅迪契宫，不过克雷芒七世并没失去对他的喜爱。据塞巴斯蒂安·德尔·皮翁博说，教皇知道了米开朗基罗在围城期间的表现后，非常不高兴，但只是耸耸肩说："米开朗基罗不该这样，我从没有伤害过他。"一待最初的怒气缓解，克雷芒七世立刻写信到佛罗伦萨，命人寻找米开朗基罗的下落，并且说只要他愿意继续为梅迪契陵墓工作，便可获得应有的待遇。

米开朗基罗走出他的隐蔽所，重新为他反对过的人的荣耀工作。不仅如此，这个可怜的人还答应为巴乔·瓦洛里——那个为教皇干坏事的工具，那个杀害其好友巴蒂斯塔·戴拉·帕拉的刽子手，雕刻一座《拔箭的阿波罗》。不久，他还进一步和那些佛罗伦萨的流亡者断绝了关系。一个伟人可悲的弱点，竟迫使他卑怯地在凶残的物质暴力面前低头，为的是保全其艺术梦想的生命，而这种暴力恰可以任意扼杀他的梦想！他将自己的晚年完全奉献于为使徒彼得建造一座超人类的纪念碑，并不是没有道理的。和彼得一样，他不止一次听见鸡鸣就痛哭。

被逼说假话，迫不得已去讨好瓦洛里，颂扬洛伦佐和乌尔比诺大公，他痛苦和羞愧得快要崩溃了。他只好全身心投入工作，把他毫无作用的狂怒发泄在工作中。他并没有雕刻梅迪契家族的肖像，而是雕刻他绝望的形象。当人们提出他的尤利乌斯和洛伦佐与他

名师导读

米开朗基罗对自己的智力、勇气、艺术眼光和创造性有着成竹在胸的把握。他有时敢于傲视一切，包括教皇的权杖。【意蕴深刻】

们本人并不相像时，他傲慢地回答道："十个世纪以后，谁能看出像不像？"一个，是表现行动；另一个，是表现思想。底座上的那些雕像，给它做着注释——《昼》与《夜》，《晨》与《暮》——道出了生活中全部令人精疲力竭的苦恼及可悲。这些人类痛苦的不朽象征于1531年完成。绝妙的讽刺！可惜没有人懂。意大利诗人乔凡尼·斯特罗兹看到那座妙不可言的《夜》，写下了这样的诗句：

夜，你所看到的，

甜美地熟睡着的夜，

由一位天使在岩石上雕刻而成，

她熟睡着，

却充满生命活力。

你若唤她醒来，

她便会和你说话。

米开朗基罗回答说：

睡眠是宝贵的。

成为顽石却更有福，

只要世上还有罪恶和耻辱，

不见不闻，才是最大的幸福。

因此，别叫醒我，

啊！轻声说！

在另一首诗中，他又写道：

人们只能在天上安睡，

既然那么多人的幸福只有一个人能体会。

被奴役的佛罗伦萨也在回答他的呻吟：

你神圣的思想切勿迷惘，

相信把我从你那儿夺走的人，

由于心怀恐惧，

并不能从他的滔天罪行中获得享受。

些许欢乐就能使情人们无比快乐，

从而平息欲念，

而不幸则使希望膨胀，欲念增强。

应该想一想罗马被掠和佛罗伦萨失陷给人们心灵带来的影响：理性的彻底破产和崩溃，使许多人从此一蹶不振。

塞巴斯蒂安·德尔·皮翁博成为一个及时行乐的怀疑主义者：

我已到了这种地步，哪怕宇宙崩裂，我也无动于衷，我嘲笑一切……我觉得我已不是那场浩劫前的塞巴斯蒂安，我再不能还原为过去的我。

米开朗基罗想到自杀：

如果允许自杀，那么，满怀信仰，却过着悲惨的奴隶般的生活的人，最应享有这个权利。

他一直处于精神的高度紧张中，1531 年 6 月终于病倒。克雷芒七世竭力抚慰他，却毫无效果。他命秘书和塞巴斯蒂安·德尔·皮翁博转告他切勿过劳，要有所节制，工作不妨从容一些，不时散散步，别把自己弄得像个服刑的犯人似的。1531 年秋，人们为他的生命担忧。他的一个朋友写信给瓦洛里："米开朗基罗衰弱且消瘦，我最近和布吉阿迪尼及安东尼奥·米尼谈过，我们认为如不仔细照料他，他将活不了多久。他工作太累，吃得太差太少，睡得更少。一年来，他老是头痛、心痛。"克雷芒七世真的不放心了，1531 年 11 月 9 日，教皇下令禁止米开朗基罗在尤利乌斯二世陵墓和梅迪契陵园之外再承担别的工作，否则以逐出教门论处，为的是爱惜其健康，"以便更长久地为罗马、为梅迪契宗族以及他自己的光荣作奉献"。

他保护他，使他免受瓦洛里和一些有钱的化缘者烦扰，这些人老是向米开朗基罗讨艺术品，强制他承担新的工作。"人家再向你求画，"教皇让人写信告诉他，"你就把画笔绑在脚上，随意画上四条线，便说：'画完了'。"尤利乌斯二世的继承人对米开朗基罗施压时，教皇还出面调停。1532 年，乌尔比诺大公（即尤利乌斯二世的继承人）的代理人和米开朗基罗签订了第四份契约，米开朗基罗答应为他们制作一个新的小

名师导读

"衰弱"、"消瘦"强调身体不好，更侧重精神不振，体现了当时米开朗基罗的生存状态。
【侧面描写】

在叙述中精心摘取米开朗基罗与他人书信往来的原文，使传记看来亲切可信。作者资料搜集的工作做得相当精细，其严谨的文风可见一斑。
【引用修辞】

名师导读

型陵墓模型，三年之内完成，费用由米开朗基罗个人负担，还要付两千杜加金币，以偿还尤利乌斯二世及其继承人过去所付的款项。塞巴斯蒂安·德尔·皮翁博在信中说，"只要在作品中嗅到你的一点儿气味就行了。"可悲的条款！既然米开朗基罗所签的契约说明了大计划的破产，他就只好为此付出代价！年复一年，米开朗基罗在他每件绝望的作品中，证明了他生命的破产、人生的破产。

尤利乌斯二世陵墓的计划流产后，梅迪契陵园的计划也破产了。1534 年 9 月 25 日，克雷芒七世驾崩，所幸米开朗基罗当时不在佛罗伦萨。很久以来，他在佛罗伦萨一直惶惶不安，因亚历山大·德·梅迪契大公恨他，若不是出于对教皇的尊重，早就让人把他杀了。自从米开朗基罗拒绝帮他建造一座君临佛罗伦萨的要塞，他益发怀恨在心。对米开朗基罗这样一个胆怯的人而言，这算得上是一个勇敢之举，表明了他对祖国崇高的爱。从这时起，米开朗基罗便随时准备面对来自大公的一切打击。克雷芒七世死时，他凑巧不在佛罗伦萨，他认为完全是托天之福。他不再回佛罗伦萨，他不打算再见到它。梅迪契教堂算是完了，它永远不会完工。我们今日所谓的梅迪契陵园，和米开朗基罗原来的构想相距万里，只剩下极少的一点儿联系。它留给我们的，只有壁上装饰的大致轮廓。米开朗基罗不仅没能完成计划中雕塑和绘画的一半，而且他的弟子们后来努力寻找和补全他的设想时，他甚至说不清原来的设想是怎么回事。他就这样放弃了他的一切事业，把一切都忘记了。

1534 年 9 月 23 日，米开朗基罗回到罗马，在那儿一直住到去世。他离开这个城市已经二十一年了。在这二十一年中，他为未完工的尤利乌斯二世陵墓制作了三座雕像，为未完工的梅迪契陵园制作了七座未完成的雕像，还有洛伦佐教堂未完成的过厅，弥涅瓦圣马利教堂未完成的基督像，为巴乔·瓦洛里制作的未

米开朗基罗若在生存与屈辱之间选择，他宁愿活下去；而若生死与大是大非相悖离，他却不能够再懦弱下去。这就是为什么凡遇上信念、理想、祖国命运之类大是大非的问题，他的勇敢总能出人意料的原因。【语句理解】

完成的《阿波罗》。他丧失了他的健康、他的精力，失去了对艺术、对祖国的信仰，还失去了他最爱的那个弟弟，失去了他所热爱的父亲。他为他们各写了一首感人的悼念诗，和他其他的作品一样没有写完，但充满火一般的对死亡的憧憬。

名师导读

　　苍天把你从我们的苦海中救出，/可怜可怜我吧，我这虽生若死的人！……/你是死去的死者，你已成为神明，/你不必再担心生存状态和欲念的改变。/写到这里，我怎能不羡慕呢……命运和时代，只给我们带来不可靠的快乐/和确切无疑的苦难，却不敢跨进你们的门槛。/没有一片云彩使你们的光明变得晦暗，/今后的日子不会再对你们行使暴力，/必需和偶然不能再操纵你们的行为。/黑夜不能扑灭你们的光辉，/白昼无论怎样明亮，也不会增加它的光度……/我亲爱的父亲，你的去世让我学习了死亡……/死，并不像人们想象中那样是件坏事。/对死者而言，在人世的最后一天，/就是在天国永生的第一日。/我希望，且相信，我能靠上帝的恩宠再见到你，/只要我的理性将我冰冷的心从尘世的污泥中拔出，/只要理性如同所有德行一样，/能在天上增强父子间至高无上的爱。

　　他对人世间已无所留恋，无论艺术、雄心、温情，还是任何一种希望，他已经六十岁，他的生活似乎结束了。他孤独，不再念及他的作品，内心只想着死亡，热切渴望能最终避开"生存状态和欲念的改变"、"时代的暴力"及"需要和偶然"的专制。

渴望死亡又本能地抗拒死亡是米开朗基罗生命中的一个怪圈。【暗示主题】

　　唉！唉！我感到自己被生活所抛弃……我曾经等待很多……时光飞逝，我突然间老了。我不复能在死者身旁忏悔和自省……哭也徒然，失去时间就是世间最大的不幸……

　　唉！唉！回首往事，我找不出昨天的自己！扭曲的希望，虚妄的欲求——我终于看到了世界真实的面目——庸俗的一切羁绊了我，哭，爱，激情燃烧，悲哀叹息（所有的一切都在我的身上发生过），真理就这样悄悄地远去了……

唉！唉！我看不到前面的路；我害怕……如果我没弄错的话，我看到，上帝啊，我看到了路尽头的惩罚，认识善而却作了恶的我。我只能希望……

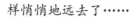

名师伴你读

品读与赏析

1527 年佛罗伦萨爆发革命，米开朗基罗做了守城工程的总领导。而当城市被教皇的军队围困时，米开朗基罗又匆忙出逃。克雷芒七世饶恕了他，但他必须继续为教皇服务。1530 年至 1531 年间，他先后完成《昼》、《夜》、《晨》、《暮》等作品。1534 年，米开朗基罗重返罗马，他以后的全部岁月就是在罗马度过的。

学习与借鉴

1. 多角度刻画人物：人物展现的侧面越多，表现的性格也就越丰富，这样才更贴近现实生活中的人。如文中不仅写出了米开朗基罗对政治的犹豫不决，也反映了他对共和思想的坚定。

2. 结构严谨：本节布局比较缜密，情节安排流畅，读者也比较好理解。

下篇 舍弃

爱

我爱死亡，我的生命就在其中。

在这颗备遭蹂躏的心里，当能给他的生命带来生机的一切都被舍弃以后，一种全新的生活出现了。就像鲜花盛开的春天，漫山遍野燃起了明亮的爱的火焰，但这爱几乎没有掺杂任何自私和肉欲的成分。这是对卡瓦列里的俊美的神秘崇拜，对维多利亚·科洛纳的虔诚友谊，这是对成为孤儿的侄儿们慈父般的温情，对穷人和弱者的怜悯，这是神圣的爱德。

米开朗基罗对托马索·德尔·卡瓦列里的爱，一般人是会感到困惑的，即使在文艺复兴末期的意大利，也会招来一些使人容易恼怒的流言。阿雷蒂诺曾经为此写了侮辱性的讽喻诗，但是阿雷蒂诺的诬蔑不能伤及米开朗基罗，因为没有一个灵魂比米开朗基罗的更纯洁，也没有一种爱的观念比他的更虔诚。

可是这种柏拉图式的爱的理想并无文学的或冷酷的成分，米开朗基罗迷恋一切美的事物，对柏拉图的思想也是这样。除了对思想、言谈和声音的迷恋之外，肉体的美对他则是更大的诱惑。对他而言，美的躯体是神圣的，一个美丽的躯体，是神灵在肉身覆盖下的显现。就像摩西面对火棘树丛，只能颤抖着走近它。他所崇拜的对象，恰如他自己所说，真正是他的偶像。他匍匐在他脚下，这位伟人有意识的卑躬屈节，即使高贵的卡瓦列里也难以忍受。更难理解的是，美的偶像常常灵魂庸俗卑鄙，如费博·迪·波吉约，而米开

名师导读

用美丽的语言来表达对爱的赞颂，像春天般灿烂。【比喻修辞】

🌸 名师导读

设问句的运用突出了米开朗基罗为了艺术，为了自己心中对美的追求可以忍受一切。【设问修辞】

卡瓦列里也没有背叛艺术大师深切的情感付出，他始终是他忠诚的赞赏者。前面正面描写米开朗基罗对卡瓦列里的炽烈感情，这里交代了卡瓦列里对米开朗基罗的付出，也从一个侧面反映了主人公对友人的深厚情谊。【侧面描写】

朗基罗什么也看不见……真的什么都看不见吗？——他是什么都不愿意看见，他要在心中完成已勾画出轮廓的雕像。

米开朗基罗那些美梦中最早的理想情人，是1522年前后的格拉尔多·佩里尼。可是在1533年的时候，米开朗基罗却迷上了费博·迪·波吉奥，1544年时，又变成了切奇诺·戴·布拉齐。所以米开朗基罗对卡瓦列里的友谊并不是专一的或排他的，但却最持久且达到了狂热程度。这位朋友不仅拥有美丽的外表，他高尚的道德也值得米开朗基罗尊重。

米开朗基罗在罗马与卡瓦列里相识，那是1532年秋天。他写给卡瓦列里的第一封信充满热情的表白，而卡瓦列里的回信则极其庄重。卡瓦列里对米开朗基罗似乎一直保持着一种尊敬且有分寸的感情，他一直为米开朗基罗所信任，且被认为是唯一能对他施加影响的人。他少见的长处就是永远为他朋友的伟大与利益尽心竭力。是他使米开朗基罗决定完成圣彼得大教堂的木雕模型，也是他为我们保存了米开朗基罗为皮托勒山的建筑所画的图样，并努力使之实现；最后，也正是他，在米开朗基罗死后，按亡友的意愿，监督工程的实施。

但米开朗基罗对他的友谊犹如一种爱情的疯狂。他给他写一些癫狂的信，把他当偶像般顶礼膜拜，几乎要把他的现在与未来全部献给他。他送给卡瓦列里最精美的礼物：那是令人惊叹的用红黑铅笔画的精美头像素描。他还为他画了一幅《该尼墨得斯被化为鹰的宙斯掠到上空》，一幅《被鹰啄食肝脏的提堤俄斯》，还有儿童的酒神节等，所有的作品都美妙非凡，难以想象的完美。

除了那些精美绝伦的画之外，他还寄赠他一些十四行诗，有时极美，但经常显得晦暗。人们说下面这首十四行诗可以称得上是"16世纪意大利最美的抒情诗"。

你的慧眼，使我看到了，

我这盲眼所不能见的柔和光线；

你的双脚，

帮助我承受

我这行动困难的双脚难以承受的重负；

你的智慧，

使我感到正向天上飞升；

你的意志，

包括了我所有的意志。

我的思想在你的心中形成，

我的话语在你的呼吸中诞生，

我只身一人犹如月亮，

唯有太阳照亮它时，

人们才能看见它在天上。

对这些过于热情的诗，卡瓦列里却报以冷淡而平静的感情。这种过分夸张的友谊使他暗中不快，米开朗基罗求他原谅：

我亲爱的主，你别因我的爱而生气，这不过是谈及你身上最优秀的品质，因为一个人拥有思想才智，全靠他能热爱他人的思想才智。我从你英俊的容貌中所向往、所获得的，绝非常人所能理解。谁要想理解就得先理解死亡。

这种病态的友谊可以说是为了否定生命的虚无，试图创造他所渴望之爱的绝望的努力。之后，幸而有一位女性明朗安详的友情给了米开朗基罗那垂死的灵魂注入了些许平静、信心、理性，以及令人伤感的对生与死的承受。

1533 年和 1534 年间，米开朗基罗对卡瓦列里的友情发展到巅峰。1535 年他开始结识维多利亚·科洛纳。她生于 1492 年，她的父亲是帕利阿诺地方的领主，塔利阿柯佐亲王法布里齐奥·科洛纳。她的母亲阿涅丝·德·蒙特费特罗，是乌尔比诺亲王的女儿。其家族属于意大利最高贵的家族之一，也是受文艺复兴精神

这样感情炽烈的书信，让我们隐约看到与米开朗基罗艺术作品相通的情感浓度和个性张力。书信所展示的米开朗基罗的整个生活，是对他的艺术工作的补充和注脚。【意蕴深刻】

名师导读

熏陶最甚的家族之一。十七岁时，她嫁给了佩斯卡拉侯爵、帕维亚的征服者、大将军费朗特·弗朗切斯科·达瓦洛斯。她爱他，他却不爱她，因为她长得不美。于是她忍受着残酷的折磨，她丈夫甚至在自己家里欺骗她，对她不忠实，被整个那不勒斯传得沸沸扬扬。可是，当他 1525 年去世时，她丝毫没有因此减轻痛苦。她遁入宗教和诗歌，在罗马，稍后在那不勒斯，过着修道士的生活。一开始她并没有弃绝尘世的意思，她只不过是寻求孤独，以便沉浸在爱情的回忆中。她和意大利所有的大作家都有来往，如萨多莱特、班博、卡斯蒂廖讷，后者把他的《侍臣》手稿赠送给她；阿里奥斯托在他的《疯狂的奥兰多》里称颂她；还有保罗若维、贝尔纳多·塔索、洛多维科·多尔切等。从 1530 年以来，她的十四行诗在整个意大利传诵，在当时的女作家中，唯有她享有这份光荣。隐居到伊西亚后，在那发出悦耳声响的大海中，在那荒僻而美丽的岛上，她仍然不倦地歌唱她那已经改头换面的爱情。可是 1534 年以后，宗教自由思想征服了她。她是 1536 年建立教会改革协会的红衣主教加斯帕雷·孔塔里尼的朋友，也是这个理想主义小团体中的最狂热分子之一。这个小团体联合了意大利最纯粹的良心。她和费拉拉的勒内、纳瓦尔的玛格丽特的通信，被后来变成新教徒的皮埃尔·帕洛·维尔杰里奥称做"一道真理的光"。但是，由残忍的卡拉法领导的反改革运动开始以后，她陷入致命的怀疑中。她和米开朗基罗一样，有一个狂热却软弱的灵魂：她需要信仰，却无力抗拒教会的权威。她的朋友，红衣主教波莱叫她克制智者的高傲，强迫自己归顺，在神的面前忘掉自我，终于使她渐渐平静下来。她以一种献祭的热忱做着这一切……但愿她只是拿自己献祭！然而她却要朋友们和她一起牺牲，她背弃奥基诺，把他写的东西交给罗马异教审判所。和米开朗基罗一样，这伟大的灵魂被恐惧吓破了胆，她把良心的责备埋入一种绝望的神秘主义

之前插叙了一段关于佩斯卡拉侯爵夫人的介绍，指出她与主人公的相同点，就是都有"狂热却软弱的灵魂"，为后文他们的感情发展埋下伏笔，有利于读者理解。

【埋下伏笔】

中。她呼唤死亡，犹如呼唤解放。这个矛盾的女人在
1547 年 2 月 25 日告别了人世。

正当维多利亚·科洛纳受瓦尔戴斯和奥基诺的神
秘主义自由思想影响最深的时候，她认识了米开朗基
罗。这个忧伤、苦恼、永远需要一个可依傍的向导的
女人，同时也永远需要一个比她更软弱、更不幸的人，
以便在他身上倾泻洋溢在她心中的母爱。她在米开朗
基罗面前藏起她的惶恐不安，只在表面上显出一种安
详、持重和稍微的冷淡，她将自己求之于人的平静传
递给了米开朗基罗。他们的友谊始于 1535 年，自 1538
年秋趋于亲密，但完全建立在对神的信念上。那时维
多利亚四十六岁，米开朗基罗已六十三岁了。她住在
罗马平乔山下的圣西尔维斯特罗修道院，米开朗基罗
住在卡瓦洛山附近。每星期日，他们在卡瓦洛山圣西
尔维斯特罗教堂聚会，一起讨论《圣保罗书简》，葡萄
牙画家弗朗索瓦·德·奥朗德在他的四部《绘画对话
录》中为我们留下了这些谈话的记忆。这些生动的描
写，反映了他们之间严肃而亲切的友谊。

弗朗索瓦·德·奥朗德第一次去圣西尔维斯特罗
教堂，看见佩斯卡拉侯爵夫人和几个朋友在那里聆听
诵读圣书。米开朗基罗当时不在场。诵读完毕后，侯
爵夫人微笑着对画家说："和讲道相比，弗朗索瓦·德
·奥朗德大约更乐于听米开朗基罗的谈话。"

弗朗索瓦被这句话刺伤，傻呵呵地回答："怎么，
夫人，阁下您以为我除了绘画，对其他任何事情都麻
木不仁吗？"

"别多心，弗朗索瓦先生，"拉唐齐奥·托洛梅说，
"侯爵夫人恰恰深信画家在任何方面都很优秀。我们意
大利人多么敬重绘画！她说这句话可能是想让您听听
米开朗基罗的谈话，好让您更加高兴。"

弗朗索瓦尴尬地道了歉，侯爵夫人对她的一个仆
人说："到米开朗基罗那儿去，告诉他宗教仪式结束
后，我和拉唐齐奥先生还待在教堂里，这儿舒适凉快，

这句话中的
"傻呵呵"、"阁
下"等词语的运
用十分生动、活
泼。反问句的运
用写出了人物的
心情。【对话描
写】

名师导读

如果他愿意耗费一点儿时间，我们将获益匪浅……但是……"她深知米开朗基罗的性格孤僻，便补充道："别告诉他西班牙人（应为葡萄牙人）弗朗索瓦·德·奥朗德也在这儿。"

等待仆人回来的时候，他们商量用什么办法把谈话引到绘画上，而不让他察觉他们的意图。因为他一旦发现他们的用意，会立刻拒绝继续谈下去。

"静寂了片刻，有人敲门了。这么快就有了回音，大家都很惊讶。原来米开朗基罗正巧沿着埃斯齐丽娜街往台尔梅斯走去，一路上和他的学生乌尔比诺聊着哲学，我们派去的仆人遇见他，便把他带来了，此刻正是他本人站在门槛上。侯爵夫人站起身，站着和他谈了好一会儿，才请他在她和拉唐齐奥之间就座。"

弗朗索瓦·德·奥朗德坐在他旁边，可是米开朗基罗根本没有注意到他的邻座。奥朗德大受刺激，愤愤地说："真是，要让人看不见的最好办法，就是直挺挺站在这个人的眼前。"

"谦恭"一词表现出米开朗基罗对人的礼貌，这与他从小所受的上层教育是分不开的；他直言不讳地说他的眼睛一直望着侯爵夫人说明主人公感情炽烈，为人坦荡。【用词准确】

米开朗基罗吃惊地瞧着他，立刻向他道歉，态度十分谦恭："对不起，弗朗索瓦先生，我真的没看见您，因为我的眼睛一直望着侯爵夫人。"

侯爵夫人稍稍顿了一下，这时开始用一种怎样吹嘘都不算过分的艺术，谈起这样那样的事情，巧妙而且谨慎地避开绘画的话题。真像是围攻一座防守严密的城市，既费力又需施巧计。米开朗基罗则像一个强壮且保持警惕的被围困者，处处设岗，扯起吊桥，遍布陷坑，警惕地在城门和城墙上都安排了驻军。但侯爵夫人最终还是把他攻下了。真的，没有人能抵挡住她。

此处运用比喻，将谈话比做打仗，把当时紧张热烈的气氛勾画出来了。【比喻修辞】

"那么，"她说，"应该承认，当我们用与他同样的武器，即诡计，去攻击米开朗基罗时，我们总是失败的。所以，拉唐齐奥先生，如果想要使他开口不得，由我们来下结论，就应当和他谈诉讼、教皇的敕令，或者……绘画。"

这巧妙的绕弯把话题引向了艺术领域。维多利业和米开朗基罗谈及她计划建造的宗教建筑物，米开朗基罗立刻自告奋勇去察看场地，草拟图样。侯爵夫人回答："我可不敢对您提出这么多的要求，虽然我知道您在一切问题上都听从抑强扶弱的救世主的教导……因此，了解您的人都尊重米开朗基罗的为人，更甚于尊重他的作品，而不似那些不了解您的人，只称颂您最弱的一部分，即您用双手制成的作品。不过我也没少赞扬您经常抽身躲到一旁，避免参与我们无聊的谈话，您并不是老画那些向您求画的王公贵人，而是几乎把整整一生都奉献给一件伟大的作品。"

对这些恭维话，米开朗基罗谦虚地表示感谢，并表达了他对那些多嘴且有闲者——大贵人或教皇的反感，在他终其一生还完成不了任务时，这些人居然自以为可以用他们的地位压倒一个艺术家。

接着，谈话转到艺术的最高主题上，侯爵夫人以虔诚的严肃态度对待这个问题。对她而言，如同对米开朗基罗一样，一件艺术品，就是信念的行动表现。米开朗基罗说："好的绘画，必走近神并与之结合……它只是复制了神的完美形象，只是神的画笔、音乐、旋律的影子……因此画家成为一个伟大而灵巧的大师还不够，我想他的生活也应当尽可能是圣洁的，以便圣灵能控制他的思想……"

日子就这样在圣西尔维斯特罗教堂里，在庄严平静、神圣的谈话中度过。有时，朋友们喜欢到花园里继续谈，弗朗索瓦·德·奥朗德描绘道："在喷泉旁，在月桂树的浓荫下，我们坐在石凳上，背靠爬满常春藤的墙壁。"在那儿，他们俯瞰罗马，古城展现在他们脚下。

遗憾的是，这些美妙的谈话没有延续多久，佩斯卡拉侯爵夫人的宗教信仰危机使之突然中断。1541年，她离开罗马，把自己幽禁在奥尔维耶托的一个隐修院，继而又转至维特尔贝隐修院。但她常常离开维特尔贝

基督教悲观主义特有的苦涩与醉人的味道与艺术家阴郁的灵魂律动相得益彰，于是信仰便由习惯变成了爱好，由爱好成了需要。因而在艺术、感情、自然等与人生相联系的一切中，他寻求的是"神"。

【意蕴深刻】

名师导读

这是遵循侯爵夫人的意愿创作的素描，基督向天父发出最后的叹息正是侯爵夫人那时的写照。【意蕴深刻】

回到罗马，仅仅是为了看望米开朗基罗。米开朗基罗为她超凡脱俗的气质而着迷，她则使他得到抚慰。由于对维多利亚的爱，米开朗基罗画了一幅十字架上的基督。和人们惯常表现的不同，基督不是死的，而是还活着，他把脸转向圣父，喊道："Eli! Eli!"他的身体并未瘫软，而是痉挛着在临终时最后的痛苦中挣扎。

现藏卢浮宫和大不列颠博物馆的两张出色的素描《复活》，很可能也是受维多利亚的启发创作的。卢浮宫的那一张，大力士般的基督，正在奋力掀开盖在坟墓上的沉重石板，他还有一条腿埋在墓穴里，抬着头，举着臂，在热情冲动中欲奔向上空，令人想起卢浮宫所藏的《奴隶》。回到上帝身边！离开这个世界，离开他不屑一顾的这些愕然且惊骇的人！终于，终于摆脱这可厌的人生！……大不列颠博物馆的那张素描比较宁静祥和，基督已经走出坟墓，翱翔在天上，在秋风中漂浮，两臂交叉，头向后仰，双目紧闭，犹如心醉神迷，他像阳光一样，上升到那光明的世界。

维多利亚就这样为米开朗基罗的艺术重新开启了信仰之门。不仅如此，她还激励他的诗才，那由于对卡瓦列里的爱而被唤醒的诗才。她不仅为对宗教怀有阴暗预感的米开朗基罗揭示了宗教的默契，而且恰如托德所说，还为他在诗歌中歌唱宗教激情做了示范。在他们结交的初期，维多利亚就写出了《灵性的十四行诗》。她一面写，一面寄送给她的朋友。米开朗基罗便从这些诗中汲取到一种温柔的慰藉，一种新的活力。

1544年夏，维多利亚回到罗马，住进圣安娜修道院，直到去世。米开朗基罗经常去探望她。她深情地思念他，总想暗地送他一些小礼物，好让他的生活稍稍舒适一些。可是这位多疑的老人"不愿接受任何人的礼物"，哪怕送礼者是他的至爱，他拒绝了她的馈赠。

她死了，他眼睁睁看着她死去。他说："我看着她死去，而我不曾如吻她的手那样吻她的额和脸，每念及此，我都感到悲痛欲绝。"死亡终于夺去了他最依赖的人。

他为她的死写了两首十四行诗。一首渗透着柏拉图学派的思想，仿佛黑夜中划过一道闪电，表现了一种狂热的理想主义和极其高雅讲究的风格。在这严肃而平静的友谊中，米开朗基罗完成了他最后的伟大绘画与雕塑作品：《最后的审判》、保利内教堂的壁画和尤利乌斯二世的陵墓。

米开朗基罗于 1534 年离开佛罗伦萨赴罗马时，心想克雷芒七世一死，他终于可以摆脱其他工作，安安静静完成尤利乌斯二世的陵墓，卸下他这辈子一直压在良心上的重担之后再死去。哪知他刚到罗马，立刻被新主人的锁链缚住。

保罗三世召见他，要他为他工作⋯⋯米开朗基罗拒绝了，说他不能这样做，因为合同规定他必须受乌尔比诺大公的约束，直到尤利乌斯二世的陵墓完成为止。教皇发怒了，说道："三十年来，我一直有这个愿望，现在我成为教皇了，难道愿望还不能得到满足吗？我可以撕掉那张合同，无论如何，我要你为我服务。"

米开朗基罗差一点儿又要逃跑。

他想躲进热那亚附近的一座修道院，那里的主教阿莱里亚是他的朋友，也是尤利乌斯二世的朋友，他或许能在邻近的卡拉雷采石场很方便地完成他的作品。他也曾想过躲到乌尔比诺，那是个安静的去处，他希望那儿的人能因怀念尤利乌斯二世而善待他。他已经派去一个人，想在那里买一所房子。

但是，正当要做出决定的时候，他又像往常一样拿不定主意，他在担心行动的后果，他本可借助某个折中方案从那儿溜走，却仍为永恒的幻想、永远破灭的幻想所蒙骗。他重又让人捆绑着，继续承受着沉重的负荷，直至生命终止。

1535 年 9 月 1 日，保罗三世一道敕令，任命他为使徒宫雕塑与绘画的总建筑师。此前，从 4 月以来，米开朗基罗已经接受了《最后的审判》的工作。从

名师导读

这段话写出了教皇要让米开朗基罗为其服务的强烈愿望。【语言描写】

表示米开朗基罗再一次被禁锢住了，不得不为教皇继续工作。这样处理使文句委婉含蓄，不呆板。【意蕴深刻】

1536年4月至1541年11月，也就是说，正是维多利亚在罗马小住的时候，他全副精力都投入到了这件作品。在从事这项宏伟事业的过程中，大概是1539年，老人从脚手架上摔下来，腿部受了重伤。"他又痛苦又气恼，不让任何医生为他治疗。"他讨厌医生，听说亲友中有人冒失地求医时，他的信中便表现出一种可笑的担心。

所幸他跌下以后，佛罗伦萨的巴乔·隆蒂尼，他的朋友，一个极聪明的医生，他爱慕米开朗基罗，对他极为同情。一天，他去敲米开朗基罗的房门，没有人应声，他上楼，挨个房间去找，一直找到米开朗基罗睡觉的那一间。艺术家一看是他，老大不高兴。但巴乔却不愿离开，直到把他治愈为止。

和从前的尤利乌斯二世一样，保罗三世也来看他作画，参加意见。他的司仪长比阿吉约·达·切塞纳陪着他。一天，教皇问司仪长对作品有何看法。这位比阿吉约，据瓦萨里说，是一个极迂腐的人，宣称在这样一个庄重的场所，画上这么多下流的裸体是极不恰当的，还说这种画只好装饰浴室或者旅店。米开朗基罗给激怒了，待他走出门，便凭着记忆，把他画进了地狱，成为弥诺斯的形象，在一座魔鬼的山中，一条巨蛇缠着他的腿。比阿吉约到教皇面前告状，保罗三世嘲弄地说："倘使米开朗基罗把你放在炼狱，我还可以想想办法救你，可是他把你放进了地狱，那我就无能为力了，在地狱里肯定是没得救了。"

认为米开朗基罗的绘画下流的，可不止比阿吉约一个人。意大利正在整肃世风，那时离韦罗内塞因《西门家的最后晚餐》被异教审判所传讯已为时不远。不少人在《最后的审判》面前大呼有伤风化，叫得最响的是阿雷蒂诺。这位诲淫诲盗的作家，想要给纯洁正派的米开朗基罗上修身课，给他写了一封无耻的答尔丢夫式的信，指责他描绘"一些让娼妓也会脸红的东西"。他向新设立的异教审判所控告其亵渎宗教的罪行。"因为，"他说，"侵害他人的信仰，其罪恶更

对于侮辱并败坏了米开朗基罗灵魂的无耻之徒的信，他报以轻蔑的微笑，又因受辱而痛哭。精彩的细节突出表现了主人公的内心世界。【细节描写】

甚于自己无信仰。"他请求教皇毁掉这幅壁画，他指控米开朗基罗是路德派教徒，卑鄙地暗示他道德败坏，最后还谴责他偷盗了尤利乌斯二世的钱。这封信侮辱和败坏了米开朗基罗灵魂深处最珍视的虔诚、友谊、爱惜名誉等情操，他读时不禁报以轻蔑的微笑，又因受辱而痛哭。对这封卑鄙的讹诈信，米开朗基罗不予理睬。他大概想起了自己提及某些敌人时，以压倒人的蔑视说过的话："不值得和他们去斗，胜了他们也不是什么了不得的事情。"到阿雷蒂诺和切塞纳对《最后的审判》的意见日益得势，他仍不置一词，也不采取任何行动去阻止他们。他的作品被视为"路德派的垃圾"，他什么也不说；保罗三世想要除掉他的壁画，他依然什么也不说；到达尼埃尔·沃尔台雷奉教皇之命，来给他的主人公们"穿裤子"时，他还是什么话也不说。人家征询他的意见，他毫无怒气地回答，语气中交织着嘲讽和怜悯："告诉教皇，说这只是小事一桩，很容易整治，只要圣上愿意把世界整治一下，修理一幅画不过是举手之劳而已。"他知道，在和维多利亚虔诚的交谈中，在这颗纯洁无瑕的灵魂庇护下，自己是怀着何等热诚的信仰完成这幅画的。他羞于为这些寄予了他的英雄思想的纯洁裸体辩护，以反驳那些下流的猜度和伪君子及小人的含沙射影。

西斯廷的壁画完工以后，米开朗基罗以为终于有权去完成尤利乌斯二世的陵墓了。可是不知足的教皇却逼着这位七十岁的老人画保利内教堂的壁画。他差一点儿没能制作预定安放在尤利乌斯二世陵墓的几座雕像，那是用来装饰其小圣堂的。米开朗基罗庆幸自己得以和尤利乌斯二世的继承人签订了最后一份合同，根据这份合同，他交付出已经完成的那些雕像，并出资雇用两名雕刻家完成陵墓的扫尾工作。这样一来，他便永远卸下了其他一切义务。

米开朗基罗的苦难还没有到头。尤利乌斯二世的继承人贪婪地不断向他索要他们认定曾经支付过的预

名师导读

米开朗基罗惩罚"假道学"，幽默生动的例子体现了他的智慧无处不在。【引用修辞】

面对不懂艺术的可笑之徒的种种行为，米开朗基罗"什么也不说"，却充分体现了他对这些可笑之徒的蔑视。【意蕴深刻】

付款。教皇让人告诉他，不要为这些事分心，只要专心做好保利内教堂的事情就好。

虽说合同上并没要求他这样做，但是为了补偿对手，米开朗基罗还是亲手制作了《行动生活》和《冥想生活》这两座雕像。1545 年 1 月，尤利乌斯二世的纪念建筑终于在文柯利的圣彼得教堂落成。最早的美妙规划现在剩下了什么？只有《摩西》，原计划中只是一个作为陪衬的雕像，现在却占据了中心的位置，真是一个伟大计划的讽刺画！

但是，毕竟这件事了结了，米开朗基罗终于从他一生的噩梦中解脱了出来。

名师伴你读

❀ 品读与赏析

本节主要向我们展示的是米开朗基罗的感情世界，包括友情、爱情，他神圣的爱德。此时期他最伟大的作品便是《最后的审判》。在教皇命令式的要求下，高强度的工作下，群小对他作品不公允的指责下，我们可以看到主人公艺术风格的改变。

❀ 学习与借鉴

1. 插叙的运用：作者在叙述主要情节或中心事件的过程中，暂时中断叙述线索，即不依时间顺序，插入有关的另一故事片断或事件，对主要情节或中心事件作必要的铺垫、照应、补充、说明，使情节更完整，结构更严密，内容更充实。

2. 材料为主旨服务：无论作者给我们展现的是米开朗基罗的哪一个侧面，其目的都是让读者更生动、透彻地了解主人公的艺术和性格，所有的材料都是为这个中心和主旨服务的。

3. 多种描写手法的娴熟运用。比喻修辞、象征手法、细节描写、伏笔以及排比等描写手法的自然娴熟的运用，对刻画米开朗基罗的形象起到了很好的效果。

信　仰

亲爱的主啊，我的太阳，

消除了我无谓的盲目烦恼。

——米开朗基罗

　　维多利亚死后，米开朗基罗曾想回到佛罗伦萨，想在父亲身边，歇息他疲惫的筋骨。在侍奉了几代教皇之后，他想将余年奉献给上帝。也许他是受到女友的推动，想要完成她最后的一个遗愿。维多利亚去世前一个月，也就是 1547 年 1 月 1 日，米开朗基罗被保罗三世任命为圣彼得大教堂的总建筑师兼总监，全权负责教堂的修建。他之所以下定决心以七十余岁的老迈之身，担负起这副他从未承受过的重担，是因为他把这看成一种责任，是神交给他的使命。为了这项神圣的事业，他不接受任何薪酬。

　　这件事情上，他又得和众多的敌人交手。敌人就是"圣·伽洛的党羽"，还有所有的管理员、供应商、工程承包人等，他揭出他们营私舞弊的劣迹，而圣·伽洛过去一直装聋作哑，从不过问。瓦萨里说："米开朗基罗把圣彼得大教堂从窃贼和强盗手中解救了出来。"

　　一个反对他的联盟渐渐形成，为首的便是那个厚颜无耻的建筑师纳尼·迪·巴乔·比吉奥，瓦萨里指责他曾盗窃米开朗基罗的作品，现在又一心要排挤他。他们散布流言，说米开朗基罗对建筑全然外行，只会浪费金钱，毁坏前人的作品。教堂建筑管理委员会也参与反对他们的总建筑师，于 1551 年发起组建一个正式的调查组，由教皇亲自主持。监察人员和工人们在两位红衣主教——萨尔维亚蒂和切尔维尼的支持下，都来控告米开朗基罗。米开朗基罗不屑于为自己辩解，他拒绝和他们辩论。"我没有义务把我应该做，或想要做的事，"他对红衣主教切尔维尼说，"通知您，或其他任何人。你们的任务是监督财务支出，剩下的事仅仅与我有关。"他改不了他的骄傲禀性，从不肯把他的计划告诉任何人。对那些怨声载道的工人，他的回答是："你们的任务是干泥瓦活、木工活、斫石、筑墙，执行我的命令，干你们的本行。至于弄清我脑子里的想法，你们永远做不到，因为这是侵犯我的尊严。"

他这套办法当然激起了更多的怨恨，如果没有教皇们的保护，他一刻也支撑不下去。因此，保罗三世驾崩，红衣主教切尔维尼成为教皇以后，米开朗基罗差一点儿就要离开罗马。然而马尔赛鲁斯二世刚登基就驾崩，由保罗四世继位。最高权威的保护重新确立，米开朗基罗也就继续奋斗下去。他认为如果放弃作品，就会丧失名誉，灵魂的得救也会成为问题。

"我是不由自主地挑上这副担子的，"他说，"八年来，我白白在无尽的烦恼和劳累中耗得筋疲力尽。如今，工程已颇有进展，可以开始建造穹顶了，这时我若离开罗马，作品将前功尽弃，这于我不啻为一大耻辱，也是灵魂的一大罪孽。"

他的敌人们当然不肯善罢甘休，争斗有时竟会酿成悲剧。1563 年，圣彼得教堂工程中最忠诚于米开朗基罗的助手皮埃尔·路易吉·加埃塔，被诬盗窃而入狱；他的工程总管，切萨雷·达·卡斯台杜朗特被刺身亡。米开朗基罗的回应是，任命加埃塔接替切萨雷的职位。管理委员会赶走了加埃塔，任命米开朗基罗的敌人纳尼·迪·巴乔·比吉奥担此职务。米开朗基罗大怒，不再去圣彼得教堂视事。人们传播流言，说他已经辞职。管理委员会迅即任命纳尼取代他，纳尼也立时摆起主管的架势。他指望使这个疾病缠身、离死不远的八十八岁高龄的老者以灰心丧气告终。可他对这位敌手估计不足。米开朗基罗当即去找教皇，表示若不还他以公道，他就离开罗马。他要求重新做调查，证明纳尼的无能和欺骗，把他赶走。这是 1563 年 9 月，他去世前四个月的事，就这样，直到他最后的时日，他还在与嫉妒和仇恨搏斗。

我们不必为他抱屈，他知道怎么自卫，直到临死的时候，他还能——如他以往对他兄弟乔凡·西莫内所说——"把这个败类碎尸万段"。

除圣彼得大教堂的巨型作品，还有其他一些建筑工程占用着他的暮年：卡皮托勒教堂、圣马利亚·德利·安杰莉教堂、佛罗伦萨洛伦佐教堂的楼梯、皮亚门，尤其是佛罗伦萨的圣乔凡尼教堂——他的宏伟计划中的最后一个，也和其他宏伟计划一样流产了。

佛罗伦萨人曾请求他在罗马为该邦建造一座教堂，科斯梅大公还亲自给他写了一封极尽恭维的信。米开朗基罗为乡恋之情所激励，以年轻人般的热情投入了这项工作。1559 年至 1560 年间，他对同乡们说，如果他们能实现他的设计方案，无论罗马人还是希腊人都将无法和他们媲美。瓦萨里说："他从来不曾说出这样的话，以前没有，以后也没有，因为他是极其谨慎的。"佛罗伦萨人接受了他的方案，未做任何修改。米开朗基罗的一个朋友，蒂贝里奥·卡尔卡尼，在他的指导下制作了一个教堂的木制模型，"这是一件罕见的艺术珍品，无论就其壮美、富丽，还是多姿多彩而言，都从未见过这样的教堂。人们开始建造，花了五千埃居，后来，钱没有了，工程停顿下来，米开朗基罗伤心到了极点。"教堂始终没有建成，连模型也不知去向了。

　　这是米开朗基罗对艺术创作最后的失望。行将就木之际，他怎能幻想刚刚起步的圣彼得大教堂有朝一日能够建成，他的作品中还能有一件永存于世呢？如果他能做主，很可能他自己就会把一切砸碎。他最后一件雕塑，佛罗伦萨教堂里的《耶稣降下十字架》，表明他对艺术已冷漠到何等地步。他之所以还在继续雕刻，已不再是出于对艺术的信仰，而是出于对基督的信仰，因为"他的精神和力使他不能不创造"。但作品一旦完成，他就会将它砸碎。"若不是他的仆人安东尼奥恳求将它赐给他，这件作品就全毁了。"

　　这就是米开朗基罗最后的岁月对自己的作品漠不关心的表现。

　　自维多利亚死后，再没有任何伟大的情感照亮他的生命，爱已离他而去。

　　爱的火焰没在我的心中停留，

　　我已折断灵魂的翅膀，

　　最糟的病痛（衰老）总能驱除微不足道的忧伤。

　　他失去了他的弟弟们和最好的那些朋友。路易吉·德尔·里奇奥死于1546年，塞巴斯蒂安·德尔·皮翁博死于1547年，他的弟弟乔凡·西莫内死于1548年。最小的弟弟吉斯蒙多——他和他一向联系不多——死于1555年。他将他对亲情的需要和易怒的情感一齐倾泻在成为孤儿的侄儿们——他最爱的弟弟博纳罗托的两个孩子身上。一个女孩儿，叫切卡（弗朗切斯卡），一个男孩儿，叫利奥纳多。米开朗基罗把切卡安置在修道院，给她置办了行装，供给她一切食宿费用，不时去看她。她出嫁的时候，他给了她一份产业做嫁妆。他亲自负责利奥纳多的教育。博纳罗托去世时，这孩子才九岁，长篇大论的通信，令人想起贝多芬和他侄儿的通信，表明他是何等严肃地在尽父辈的责任，当然也时有勃然大怒的情况发生。利奥纳多经常会考验他伯父的耐心，而这耐心却不是很大的。这年轻人糟糕的书法就足以使米开朗基罗暴跳起来，他认为这是对他不敬。

　　收到你的信，没有一次不是读信之前就让我恼怒万分。不知你从哪儿学来这样的书法！简直是毫无情意！……我相信，即便是给世界上最大的一头驴写信，你也会写得更认真一些……我把你最近的来信扔进火里了，因为我没法读它，也没法回信。我已对你说过，现在不妨再说一遍，每次我收到你的信，总是不等读信就要发怒。从今往后，你别再给我写信了。你有什么事要对我说，就去找个会写字的人替你写，我的脑子需要派别的用场，不能耗费于猜测你那些无法辨认的字迹。

　　天性多疑，加上兄弟之间的种种纠葛，使他益发多心。他对侄儿的讨好和奉承并未寄予太多幻想，在他看来，这种情感主要是冲着他的银箱，那小子知道，自己是他的继承人。米开朗基罗老实不客气地对他挑明了这一点。有一次，他病重垂危，听说利奥纳多去了罗马，干了些不得体的事，十分恼怒，写信对他说：

利奥纳多！我病倒时，你却跑到乔凡·弗朗切斯科先生那儿打听我是否还留下了什么。难道你有了我放在佛罗伦萨的钱还不够吗？真是有其父必有其子，你父亲把我赶出了佛罗伦萨我自己的家！须知我已备下了一份遗嘱，根据遗嘱你别再指望从我这里得到什么。去你的吧！别再到我跟前来，永远别再写信给我！

这怒气丝毫不能触动利奥纳多，因为通常随之而来的是温情的信和这样那样的礼物。一年以后，他为赠送三千埃居的诺言所吸引，重新赶赴罗马。米开朗基罗被他这种情急的表现所刺痛，写道：

你这么急匆匆地赶到罗马来，我不知道如果我处于贫困之中，连面包都不够吃的时候，你能否这样快地赶来！……你说你来是出于责任，是因为爱我。是啊！蛆虫的爱！如果你真的爱我，你会写信对我说："米开朗基罗，留着你的三千埃居，自己花吧！你已经给了我们那么多钱，足够我们用了，你的生命对我们来说比财产更重要……"但是，四十年来，你们靠我养活，我却从来不曾从你们那里听到一句好话……

利奥纳多的婚姻又是一个严重问题。此事让伯侄二人操心了六年之久（自1547年至1553年）。利奥纳多惦记着伯父的遗产，表现得温顺听话。他接受他的一切劝告，让他去挑选、评议，自己不表示任何意见，似乎什么都无所谓。反之，米开朗基罗十分投入，仿佛是他自己要结婚。他将婚姻视为一件严肃的大事，其中爱情是最次要的条件，财产也不在他的盘算之中，他认为最重要的是健康和名声。他提出苛严的建议，毫无诗意，坚定且讲求实际：

这是一项重大的决策：你得牢记，在男人和女人之间，必须有十岁的差距；注意你所选择的女子不仅要贤惠，而且要健康……人们和我谈起好几个，有的我满意，有的不行。你考虑考虑，如果这里面有你中意的，就来信告诉我，我将告诉你我的意见……你有选择这个或那个的自由，只要对方出身高贵，有教养。为了今后和睦相处，与其有巨额财产，还不如没有嫁妆。一个佛罗伦萨人告诉我，有人向你提过吉诺里家的女儿，你也很中意。可我不愿意你娶一个只要有钱备下查产，就不会把女儿嫁给你的父亲的女儿。我希望选择愿将女儿嫁给你，而不是嫁给你的财产的人……唯一需要你仔细考察的，是她灵魂和肉体的健康、血统和品行的纯正，还要了解其父母是何等人，因为这很重要……你得用心找一个必要时不耻于洗碗碟、管理家务的女人……

至于美貌，既然你肯定不是佛罗伦萨最漂亮的男子，你就不必担心，只要她不是残疾，不是丑得吓人就行……

搜寻了许久，似乎找到了那只珍奇的鸟儿。可是在最后一刻，又发现了足以造成障碍的严重缺点：

听说她是近视眼，在我看来这不是小缺陷。因此我什么也没应承。既然你也没有表态，我看你还是作罢吧，假如你确信真有其事的话。

利奥纳多泄气了。他奇怪伯父干吗非要他结婚不可。米开朗基罗回答：

不错，我希望你结婚。这是好事，是为了我们家族香火不断。我知道，即使我们这一族灭绝了，对世界也不会有任何影响，但是每种动物终归要努力保存自己的族类。因此，我盼着你结婚。

最后，米开朗基罗也厌倦了。他开始觉得自己可笑，老是他在忙活侄儿的婚事，利奥纳多本人倒漠不关心。他宣称再也不插手这件事了：

六十年来，我一直操心你们的事，现在我老了，我该想想自己的事了。

正是此时，他听说他的侄儿和卡桑德拉·里多尔费订了婚。他很高兴地祝贺他，答应送给他一千五百杜加金币。利奥纳多结婚了，米开朗基罗向年轻夫妇写信致贺，许诺送给卡桑德拉一条珍珠项链。然而快乐不能阻止他提醒侄儿，他说虽然他不太了解这些事，但他觉得利奥纳多把女人带回家以前，应该把所有的金钱问题做个明确的安排。因为在这些问题上，常常埋有一种不和的种子。在信的结尾，他又添上了一个带有嘲讽意味的劝告：

好吧！现在，好好过日子，也要好好动脑子，因为寡妇的数量总是比鳏夫多。

两个月以后，他给卡桑德拉寄去的，并不是曾许诺的项链，而是两枚戒指，一枚镶着钻石，另一枚镶着红宝石。卡桑德拉谢了他，随信寄去了八件衬衣。米开朗基罗回信道：

这些衬衣真好，特别是布料，我很喜欢。但我不高兴你们为我花钱，因为我什么也不缺。我感谢卡桑德拉为我做的一切，告诉她我可以给她寄去在这儿能找到的一切，无论是罗马的产品还是其他地方的。这次，我只寄了点儿小东西；下次，我会送给她更好的、更讨她喜欢的东西。不过你得告诉我。

不久，孩子们相继诞生了。老大，按米开朗基罗的意思，取名博纳罗托（1554 年）；老二，取名米开朗基罗（1555 年），可惜出生不久就夭折了。1556 年，老伯父邀请年轻夫妇到他在罗马的家里做客，他一直深情地和家庭同甘共苦、悲喜与共，但从不让家人操心他的事情，包括他的健康。

除了与家庭的联系，米开朗基罗还有不少知名的或出类拔萃的朋友。尽管他性格孤僻，但若以为他像贝多芬一样，表现得像个多瑙河的农民，那就大错特错了。他是意大利的上层人物，有很高的文化修养和世家子弟的优雅气质。他的青少年时代是在圣马可花园、在卓越伟大的洛伦佐身边度过的。从那时起，他就和意大利的大贵族、亲王、主教、文人、艺术家中所有的佼佼者有联系。他和诗人弗朗切斯科·贝尔尼斗智，和贝内代洛·瓦尔奇通信，和路易吉·德尔·里奇奥、多纳托·吉阿诺蒂交流对但丁的理解和看法。罗马的一位贵妇曾经写道，在他愿意的时候，他是"一位温文尔雅、很有魅力的绅士，这样的人品在欧洲都很罕见"。在吉阿诺蒂及弗朗索瓦·德·奥朗德写的《对话录》中，可以看出他周到的礼貌和待人处事的习惯。从他给亲王们的某些信中，甚至能看出他不难成为一位无懈可击的廷臣。社会从未规避他，是他自己要和社会保持距离，他全凭自己去赢得生活的胜利。对意大利而言，他是天才的化身。到他艺术生涯的最后几年，他已是伟大的文艺复兴运动硕果仅存的巨人，是文艺复兴的代表人物，整个世纪的光荣都体现在他身上。不仅艺术家们将他视为超人，王公们在他的权威面前，也得礼让三分。法王弗朗索瓦一世和卡捷琳娜·梅迪向他致敬。科斯梅·德·梅迪契大公想任命他为贵族院议员，他到罗马的时候，以平起平坐的礼节对待米开朗基罗，请他坐在他身边，和他亲密地交谈。科斯梅大公的儿子弗朗切斯科·德·梅迪契接待他时，把帽子拿在手中，"对这位旷世奇才表示莫大的敬意"。人们对他"崇高的德行"如对他的天才一般敬重。他的晚年像歌德、雨果一样为荣誉所环绕。但他是另一类型的人，既不像歌德那样渴望成为众所周知的人，也不像雨果那样尊重资产者，他独立不羁，不受社会和现存秩序的约束。他蔑视光荣，蔑视社会，若说他为教皇们服务，那只是"迫不得已"，且不说他还毫不讳言"甚至教皇们和他谈话或派人去请他时，有时也招他厌烦和生气"，而且，"哪怕他们下命令，他要是没安排出时间，照样不去"。

当一个人因天性和教育的结果，成为憎恨虚礼俗套的人，倘若不让他按适合于自己的方式生活，那就太不通情理了。倘若他既不向你要求什么，也不招惹你那个群体，为什么你要去招惹他呢？为什么要强迫他去迁就那些与他的远离社会相抵触的无聊事呢？不顾及自己的天才，而只想取悦于一般傻瓜的人，绝不是一个高尚卓越的人。

他和社会只保持不可避免的联系，或者单纯思想文化上的交往。他不让人进入他的内心世界，教皇、王公也好，文人、艺术家也好，在他的生活中都只占很小的位置。甚至他们当中他真正抱有好感的一小部分人，他也很少与之建立持久的友谊。他爱他的朋友，很宽厚地对待他们，但是他的暴躁、骄傲和多疑，常常把那些最感激他的朋友变成他的死敌。有一天，他写了这样一封优美而感伤的信：

可怜的忘恩负义者，天性就是如此，你在他陷于困境时帮助他，他说你给予他的他早就给过你了。你给他工作以示关心，他认为你是不得不委托他做这件事，因为你自己不会。他受到的所有恩惠，他都说施恩者是迫不得已。如果这些恩惠太明显，他不可能加以否认时，忘恩负义者会长时间地等待着，直到有朝一日给他好处的人犯了一个明显的错误，他便抓住借口说他的坏话，而且就此摆脱他所欠下的所有情分。人们总是这样对待我，可是没有一个艺术家来求我时，我不给他一些好处的，而且总是出自真心。尔后他们便借口我脾气古怪、性格癫狂，把我说成精神病患者，只会干错事，借此诬蔑、诽谤我，这就是对所有善良人的奖励。

在他自己家里，他有一些相当忠实的助手，但大都是平庸的人。人们猜测他挑选平庸之辈，是为了要他们充当驯服工具，而不是合作者，何况，这是合理合法的。但是，龚迪维说：许多人责备他不愿教他那些助手，事实不是这样，相反，他很愿意教他们。倒霉的是他不是遇上低能儿，就是遇上有能力而没有恒心的人，刚学了几个月，就自以为是大师了。

毫无疑问，他对助手的要求首先是绝对的服从。对那些桀骜不驯的人，他冷酷无情；而对那些谦恭而忠实的信徒，则无比的宽厚仁慈。懒惰的乌尔巴诺"简直不愿干活儿"，而他还振振有词：因为他一干活儿，就会笨手笨脚地把作品弄坏，乃至根本无法补救，弥涅瓦的《基督像》就是一例。某次他生病，受到米开朗基罗慈父般的照顾，所以把他称之为"亲爱的，最好的父亲"般的米开朗基罗。皮埃罗·迪·吉阿诺托被他"爱之若子"；西尔维奥·迪·乔凡尼·切帕雷洛转到安德烈·多里亚处服务时，伤心地恳求重新回到他这儿来；安东尼奥·米尼的动人故事，是米开朗基罗对待助手们慷慨大度的一例。据瓦萨里描述，米尼在他的学徒中，算是很有毅力，却不大聪明的一个。他爱着佛罗伦萨一个穷寡妇的女儿，按他父母的意见，米开朗基罗要他离开佛罗伦萨。安东尼奥愿意去法国，米开朗基罗送给他一份可观的大礼：所有的素描，所有的画稿，还有《勒达》，包括为此做的全部模型，无论是蜡制的还是黏土制的。他带着这批财宝动身了。但是，打击米开朗基罗宏伟设想的厄运，更严峻地落到了他卑微的朋友身上。安东尼奥到了巴黎，想将《勒达》面呈法国国王。弗朗索瓦一世当时不在，他便将画寄存在一个朋友、意大利人朱利亚诺·博纳科尔西那里，回到自己所在的里昂。几个月后，他返回巴黎，《勒达》却不见了，原来朱利亚诺·博纳科尔西私自把它卖给了弗朗索瓦一世。安东尼奥气坏了，没有了经济来源，无法自卫，流落在这异域的城市中，于1553年末忧伤而死。

在所有的助手中，米开朗基罗最喜爱，且因他的关爱而成为不朽的，则是弗朗切斯科·达马多雷，别号乌尔比诺，来自卡斯台尔·杜朗台。他从

1530 年来到米开朗基罗工作室，在米开朗基罗指导下修建尤利乌斯二世的陵墓。米开朗基罗为他在自己身后的前途操心。

"我死了，你怎么办？"他问他。

"那我就去给别人干。"乌尔比诺回答。

"噢，可怜的人！"米开朗基罗说，"我要把你救出苦海。"

于是他一下子给了他两千埃居，这样的馈赠只有皇帝和教皇才做得到。

可是乌尔比诺死在了他前面。他死后第二天，米开朗基罗写信给他的侄儿。

乌尔比诺死了，昨天下午四点左右。我是那样伤心和心烦意乱，我还不如和他一道死去，反倒好过些。我深爱着他，他也值得我爱：这是一个高尚、正直且忠诚的人。他的死令我痛不欲生，我无法觅回平静的心情。

他的痛苦难以言表，三个月后，在写给瓦萨里的一封有名的信里，这痛苦仍使他备受煎熬。

吉奥尔吉奥，我亲爱的朋友，我本无心写信，为了给你回信，权且胡乱写几行。你知道，乌尔比诺死了，这对我是极残酷的折磨，却也是上帝赐予我的极大恩惠。就是说，他活着的时候，使我也能存活，他一死，教我也懂得了死，并非不乐意而是很乐意死。他在我身边二十六年，我一直觉得他十分忠实、可靠。我让他挣得了一些财产，现在正想把他当做我老来的依傍，他却离我而去，只给我留下在天堂与他相见的希望。

在情绪紊乱之际，他请侄儿来罗马看望他。利奥纳多和卡桑德拉很为他的忧伤担心，来罗马后，发现他极其衰弱。乌尔比诺临终前托孤给他，请他担当孩子们的监护人，其中一个是他的义子，以他的名字命名。他从这一职责中汲取了一种新的力量。

他还有其他一些奇特的友情。顽强的天性，猛烈对抗一切强加于人的社会约束，常有一种反其道而行之的需要。他喜欢和一帮思想单纯的人厮混，这种人常有些出人意料和不拘一格的奇想，他们是些与众不同的人。一个卡拉雷地方的采石匠，总是自以为是位出众的雕刻家，从不放过一条驶往罗马的运石船，每次都要带给米开朗基罗三四件他制作的小小的人像，往往逗得他捧腹大笑。梅尼盖拉，瓦尔达尔诺的画家，他不时到米开朗基罗这里来，要他画一张圣洛克或圣安东尼，然后自己涂上颜色，拿去卖给乡下人。而米开朗基罗，连王侯们向他讨得一点儿小作品都很不容易，却肯按照梅尼盖拉的指示画那些素描。这些作品中，还有一个精美的带耶稣像的十字架；一个理发匠，也混迹于画家之中，米开朗基罗给他画了一幅《圣弗朗索瓦五伤图》。游手好闲的因达柯，这个奇怪的画家，"他爱聊天的劲头，正好和厌恶作画的程度差不多"，他常说："老是工作，不会寻乐，是不配做基督徒的。"

尤其是那个可笑但从无恶意的朱利亚诺·布加尔迪尼，米开朗基罗对他也有特殊的好感。

米开朗基罗不会把自己的宽容随便给人，但却慷慨地施于这些小人物，其间当然也含有拿这些可笑的人寻开心的玩笑式的幽默，但同时也包含着对这些以大艺术家自居的可怜人的怜悯之情。或许他们也令他回想起自己的疯狂。这其中自有许多既滑稽又悲凉的讽刺成分。

名师 伴你读

品读与赏析

古稀之年的米开朗基罗在遭受佩斯卡拉侯爵夫人去世的打击以后，决定鼓足勇气承受命运带给他的一切。将他的爱赐予年幼的侄子、侄女，照顾忠实仆人的遗孤，他的大爱令人动容。大师拥有许多爱戴他的高贵的朋友，由于在梵蒂冈的地位和在宗教方面的热忱，他与高级神职人员的交谊尤厚，但主观上他真正倾心相与的则完全是些普通人：门生、信徒、仆从乃至石工。面对谦恭忠诚之辈，他永远是慈和的，而对待习钻捣蛋者却毫不客气。

学习与借鉴

1. 叙事和抒情穿插进行：本节，作者在叙述米开朗基罗的故事时，多次插入自己的议论和抒情。如最后一段，就是作者对主人公宽容行为的一个富有感情的评价。在行文时可以自由自在地表情达意，但要注意叙事的连贯性，抒情插入要自然。

2. 曲折的情节安排：米开朗基罗尽管性格独特，还显得有些怪异，但他同时又富有责任感和爱心。这就使他的经历具有丰富性。作者在叙写他的故事时突出了这种曲折性。文似看山不喜平，写文章好比观赏山峰那样，雄峻高耸，奇势迭出，才会引人入胜。

寂寞的灵魂

名师导读

> 孤独是米开朗基罗性格的本质方面。耽于精神天地，冥索艺术或灵魂的重大问题，从中获取苦涩的兴味。【语句理解】

> 大师的公民意识和爱国热情，与原始基督教的那种博爱平等精神相沟通，它热烈而执著，悲切而崇高。【语句理解】

我的灵魂，死神说了些什么……

米开朗基罗就这样单独和他的那些卑微的朋友生活在一起，与之相伴的，还有更加卑微的朋友——他的家畜，他的母鸡和猫。

实际上，他很孤独，而且愈来愈孤独。他总是一个人，不和任何人说话，不仅渐渐脱离社会，而且对人类的利害、需求、乐趣、思想，也都淡漠了。

他最后的激情，终于也泯灭了。1544 年和 1546 年两次大病期间，在共和主义者和流亡者斯特罗兹家受他朋友里奇奥照料时，他最后一次放射出风暴般的闪光。米开朗基罗病愈时，请流亡法国里昂的罗伯托·斯特罗兹去提醒法王履行诺言：他补充说，如果弗朗索瓦一世能使佛罗伦萨恢复自由，他将自费为他铸造一座骑马铜像，立在佛罗伦萨的议会大厦广场上。1546 年，为感谢斯特罗兹所尽的东道主之谊，他把两座《奴隶》像赠送给斯特罗兹，后者又转献给了弗朗索瓦一世。

但这只是政治狂热的一次爆发——最后一次爆发。1545 年他和吉阿诺蒂的谈话中，好几次表露出类似托尔斯泰的斗争无用论和勿抗恶思想。

"敢于杀害某个人是一种极端轻率自负的行为，因为我们无法判断他的死能否生出善，他的存在是否有碍于善的产生。所以我很受不了那种人"。

他们认为若不从恶——即杀戮——开始，就不可能获得善果。时代在变，新的事件不断产生，欲念也在转化，人类厌倦了……总之，总会有人们没有料想到的事情发生。

同一个米开朗基罗，当初为刺杀暴君者辩护，如今却斥责那些幻想以行动改变世界的革命者。他知道自己曾是他们中的一员，他以苦涩的心情责备的正是他自己。像哈姆雷特一样，他现在怀疑一切，怀疑他的思想、他的怨恨，怀疑他曾经信仰的一切。他放弃了行动。

事实上，他已不再仇恨什么了，他不能恨，因为要恨也晚了。

他住在特拉扬广场上的马赛尔·德·柯尔维。他在那儿有一座带有小花园的房子，他和一个男仆、一个女佣，还有他那些家畜占据着这所住宅。他和仆人们在一起过得并不舒服，老是觉得仆人们不讲卫生，所以他经常换仆人，而且经常叫苦不迭。他和仆人之间的纠葛，自然就很多。他的卧室像坟墓般幽暗，在楼梯中段，他画了一幅肩扛棺材的死神像。他像穷人一样过日子，吃得很少，而且睡不着觉，常常夜里起身，用凿子工作。他用硬纸板给自己做了一顶头盔，中间插上蜡烛，戴在头上，他说这样一来，既能给工作照明，两只手还不受妨碍。

他愈老，就愈孤独。整个罗马城都入睡的时候，他却躲在那儿打夜工，这于他已是一种需要。寂静于他是恩惠，黑夜则是他的朋友。一天夜里，瓦萨里去看望这位老人，他独自待在凄凉的屋子里沉思，面对着他那悲怆的《圣母哀悼基督》。瓦萨里敲门，米开朗基罗站起身，拿着蜡烛去开门。瓦萨里想要看看雕像，米开朗基罗的蜡烛掉到地上，熄灭了，让他什么也看不见。乌尔比诺去找另一支蜡烛时，大师转身对瓦萨里说："我太老了，以致死神常来拽我的裤腿，要我随他同去。有一天，我的躯体也会像这支蜡烛一样倒下，像它一样，熄灭我的生命之光。"死的念头吸引着他，一天比一天更阴暗，也更诱人。死似乎成了他生命中唯一的幸福。

名师导读

米开朗基罗似乎就是为了痛苦而生，在征服的过程中亦被痛苦所征服，这便是哈姆雷特式的悲剧。这是在英雄的天才与非英雄的意志之间，专横的激情与不愿如此过活的意志之间尖锐的矛盾。【意蕴深刻】

孤独成为米开朗基罗的一种必需，工作时甚至容不得一丝打扰，所以他经常半夜工作，做能点蜡烛的头盔。【细节描写】

这看似不近人情的行为，但实际上却是与其孤独性格相关的。工作时的米开朗基罗看似更要与世隔绝，作品尚未问世时不管谁都难得一见。【侧面描写】

名师导读

米开朗基罗的心灵是卓尔不群的，它是悲苦的，也是顽强的，更是美善的。他爱美、爱艺术，然而比这更深刻的还是爱人。他心中如圣徒般泛爱的恻隐之心使其高贵的品质显得格外迷人。【主题表达】

大自然，迄今为止一直为他喷涌的激情和颖慧的天赋所忽略，却成为他晚年的一种慰藉。1556年9月，阿尔贝大公的西班牙军队威胁罗马，米开朗基罗出逃，途经斯波莱泰，在那里驻足五周，置身于橡树和橄榄树林中，尽情享受秋日的灿烂。10月末，他被召回罗马，临行还依依不舍。回到罗马后，八十二岁高龄的老人赋诗一首，歌颂田园和田园生活，对照城市的虚妄欺骗，这已是他最后的诗作，但却充满了青春朝气。但是，如同在艺术中一样，他在自然中探寻的仍然是神，他日甚一日地向上帝靠近。他一直是有信仰的，虽说他不受教士、僧侣的蒙骗，也不受善男信女们的愚弄，而且一有机会就刻薄地挖苦他们，可是对他的信仰似乎从未有过丝毫怀疑。他的父亲和兄弟们生病或临终的时候，他首先操心的总是他们的圣事。他把自己遇上的一切好事和没有遇上的倒霉事，统统归功于祈祷，甚至在孤独中，他多次发作了神秘主义的狂热崇拜。有些人试图让人相信他对圣徒、圣母的礼拜十分淡漠，这不符合事实。他生命的最后二十年全部奉献给圣彼得大教堂的修建，他最后一件作品，因他去世而未能完成的，是圣彼得的雕像，把这样一个人说成新教徒是滑稽可笑的。就在他临终时，他还要求人们让他回忆基督的受难。在生活的折磨下，他撇弃了艺术，投入了十字架上的殉道者张开的臂膀。在这个老人不幸的心灵中，信仰与受难使之绽开了最清纯的花朵，这就是神圣的恻隐之心。

被仇敌们诬为吝啬、贪婪之徒的这个人，终其一生，从未间断施惠于穷人，无论是认识的，还是不认识的。他不仅对他的老仆和他父亲的仆人表露了动人的感情，而且经常周济穷人，尤其是那些羞于启齿的穷人。他的父亲，老博纳罗蒂死后，他的一个名叫莫纳·玛格丽塔的老女佣由他收留，后来她的死让他十分悲伤；他还帮助一个在西斯廷教堂造脚手架的可怜木工，为他女儿出嫁资……他喜欢让侄儿、侄女参与他的施舍活动，启发他们的爱心，有时他让他们替他施舍，且不让他们说出他的姓名，因为他愿意隐姓埋名地做好事。出于一种美好细腻的情感，他尤其顾念那些贫穷的少女，总是设法暗中送给她们小小的奁产，让她们能够结婚或进修道院。他写信给侄儿：

告诉我，你还认识别的陷于经济困境的高尚市民吗？特别是家中有女儿的家庭。为了灵魂的得救，我很乐意给他们帮忙。

名师 伴你读

品读 与 赏析

孤独感紧紧扼住艺术家的脖子，钳制了他的一生，而且这可怕的恶魔与日俱增，米开朗基罗越老就越是孤独。因在如墓穴般幽暗的卧室，与之共同生活的，除了仆役，就是所饲养的家畜了。孤独对普通人是烦躁，对伟人就是磨难。越具有艺术家的敏感和哲学家的智慧就越能感受孤独对心灵的煎熬。大师的孤独并非一般的寂寞或空虚，而是种阴森的精神感受，它实际上包容丰富的内涵，是同人生经验、艺术理想抑或政治抱负连在一起的。

学习 与 借鉴

情感表达：作者对主人公的孤独的暮年生活充满敬仰与同情。由此可见，真挚的情感是文字最能打动人的原因。

尾声　最后的审判

死，如此被渴望，而又这样姗姗来迟——

因为，对不幸者而言，死总是显得懒洋洋……

它来了。

严格的僧侣般的生活，固然使米开朗基罗保持了结实的体格，却未能免除疾病的入侵。1544 年和 1546 年两次患恶性疟疾以后，他一直没有完全复原，结石、痛风，各种各样的痛楚终于把他击垮了。1560 年春，瓦萨里来看他，觉得他极为衰弱。米开朗基罗很少出门，几乎不睡觉，一切都让人感到他将不久于人世。他愈是衰老，愈是温柔，动不动就掉眼泪。然而他丝毫没有丧失清晰的思维和活力。在和瓦萨里的这次会面中，他就艺术的多方面问题与他谈了许久，还对瓦萨里的工作提出好些建议，接着又骑马陪他去圣彼得大教堂。

1561 年 8 月，米开朗基罗得过一次病。连续三个月，他赤着脚工作，到他突然感到疼痛时，已经痉挛着跌倒在地。仆人发现时他已失去知觉。当卡瓦列里、班迪尼和卡尔卡尼也赶来时，米开朗基罗已苏醒过来。几天以后，他又开始骑马外出，为皮亚门绘制图稿。

性情古怪的老人说什么也不让旁人照顾他。朋友们得知他孤单单地遭受新的疾病折磨，只有粗心大意、不太认真的仆人和他在一起，都十分难过。

他的继承人，利奥纳多，从前因伯父健康不佳跑到罗马来，挨过他一顿臭骂，如今再也不敢贸然往这儿跑了。1563 年 7 月，他托达尼埃尔·沃尔台雷问米开朗基罗，是否乐意让他来看他，而且，预见到多疑的米开朗基罗对他的来意会有怎样的猜疑，特地补充说，他的买卖顺利，他现在很富有，不再需要什么了。狡黠的老人让人回答他，既然如此，他很高兴，他将把留在手上的少量钱财分给穷人。

一个月后，对答复不太满意的利奥纳多，又托人表达了对他的健康及周围仆人的担心。这一次，米开朗基罗回了一封怒气冲冲的信，表明这位离死期仅六个月的八十八岁高龄的老人，还有多么强的生命力。

从你的来信，我看出你相信了某些心存嫉妒、却无法偷盗我，又不能任意摆布我的坏蛋们的谎言。这是一群无赖，你居然会傻到听信他们所说的有关我的情况，似乎我成了个小孩子，去他们的吧！这些人只会给人带来烦恼，整日除了嫉妒便是鬼混。你信中说担心仆役们让我受罪，我呢，我告诉你，我所得到的服侍，无论从哪方面说，都是不可能更忠诚、更周到的了。至于你隐隐提到的偷盗问题，我也可以告诉你，家里所有的人，都让我很放心，我对他们很信任。因此，你尽可专心干你自己的事，不要为我的事情操心。必要时，我自会保护自己，我可不是小孩子。你自己保重吧！

牵挂他的遗产的，远不止一个利奥纳多，整个意大利都是米开朗基罗的遗产继承人。尤其是托斯卡纳大公和教皇，惦记着不让圣洛伦佐和圣彼得大教堂的建筑图纸和素描丢失。1563 年 6 月，在瓦萨里推动下，科斯梅大公命他的大使阿维拉尔多·赛里斯托里密奏教皇，鉴于米开朗基罗日渐衰老，需要暗中监视他的起居以及所有出入他家中的人。在突然去世的情况下，必须警惕有人在他死后最初的混乱中，趁机拿走什么东西。为此，他们采取了一些措施。不用说，这一切都是在米开朗基罗本人毫不知情的情况下进行的。

这些谨慎的措施并非是无益的，时刻已经到了。

米开朗基罗最后的一封信写于 1563 年 12 月 28 日。一年来，他几乎不再亲自写信，而是口授、签名。达尼埃尔·德·沃尔台雷为他处理信件往来事宜。

他一直工作。1564 年 2 月 12 日，他站了一整天，做他的《圣母哀悼基督》。14 日，他发烧了。蒂贝里奥·卡尔卡尼闻讯赶去，在家里没找着他。虽然下着雨，米开朗基罗竟到田野里散步去了。他回来时，卡尔卡尼对他说，这样的天气外出是不明智的。

"有什么办法？"米开朗基罗回答，"我病了，而我不论在哪儿都得不到休息。"

他说话时的犹疑，他的目光、脸色，都让卡尔卡尼十分不安。他立刻写信给利奥纳多："结局即便不会马上到来，可我担心已经不远了。"

同一天，米开朗基罗让人把达尼埃尔·德·沃尔台雷请来，要他留在自己身边。达尼埃尔找来了医生费德里戈·多纳蒂。2 月 15 日，他按米开朗基罗的意思，写信给利奥纳多，告诉他可以来看他的伯父，并说："但一路要多加小心，因为路况很糟。"

忠实的卡瓦列里守在他身边。

直到去世的大前天，他才答应躺到床上。当着朋友和仆人们，他神态清楚地口授了遗嘱。他将"灵魂交给上帝，肉体留给尘土"，他要求"至少死后回到"他亲爱的佛罗伦萨。接着，他"从可怕的暴风雨转入极其甜美的宁静"。

这是 2 月的一个星期五，约下午五时，正是日落时分……"他生命的最后一天，亦即进入和平天国的第一天！……"

米开朗基罗终于离我们远去了，他终于休息了，他的目标是那样的崇高：超越了时间。

幸福的灵魂，在他那儿，时光不再流逝！

这就是他神圣的痛苦生涯，我若是他，会有怎样的宿命，他艰辛痛苦的颠沛流离和他的美德给这个世界带来了福运！

在这个悲剧故事结束时，我的心情异常沉重。我问我自己，当我想要给受苦的人们列举一些受苦的伙伴作为他们的精神支柱时，会不会在这些人的痛苦之上，又加上那些人的痛苦。是否还是应当像别人那样，只表现英雄们英雄的一面，而掩盖其悲哀的深渊？——然而不！这是实情！我从不向朋友们许诺以谎言换取的幸福，其实幸福，是要不惜一切代价去争取的。我许诺给他们的是事实，哪怕是以幸福为代价得来的，铁一般的事实，它所刻下的，是那些永恒的灵魂。它的气息是无情的，却又是纯洁的：每个人软弱的灵魂都会得到太阳的照耀。

他那高大的灵魂如高耸入云的山峰，那里风疾云绕，却比别处让人呼吸得更加顺畅、有力。干净的空气没有一点儿尘埃，每个灵魂都会在这里得到升华，云开雾散，更是能俯瞰人类世界。

这座挺拔入云的山峰，耸立在文艺复兴时期的意大利，我们从远处就能望见它险峻的轮廓，隐没在无垠的天空，路过的人都被它所折服。

并不是每个人都能生活在高山之巅。但不妨一年一度登高礼拜。他们可以在那儿更新肺部的气息和脉管中的血液或者得到永生。在高处，他们会感到更加接近永恒。待回到人生的平原，他们将满怀勇气面对日常的搏斗。

名师伴你读

品读与赏析

1564年2月18日下午，日落时分，米开朗基罗在度过了他漫长而痛苦的一生后，在死亡中获得了永远的平静。他的晚年极其孤独，即便如此他还是活到老干到老，最后死也要死在工作室中，真是"零落成泥碾作尘，只有香如故"。这就是米开朗基罗，一个不仅威临他的时代，而且震撼了历史的伟大艺术家！他是神圣的，也是痛苦的；他是坚强的，也是悲观的；他是爱国的共和战士，也是教廷的艺术官员；他是个人文主义者，也是个基督徒。其灵魂中最深刻的部分——虔诚、慈爱、友善、慷慨，还有爱家族、亲属、学徒以及重视道德与荣誉的情操，连同其痛苦，就像他伟岸、英雄的艺术一样，永远感动着人们。

学习与借鉴

巧用转折连词：文章接榫转折之处以不露痕迹为妙，须用连接词、句、段转换文意，使过渡自然、浑然一体。这种对转折连词的熟练驾驭技巧，可以在本节作者的直接抒情中体味得到。

列夫·托尔斯泰传

对伟人的回忆

　　我永远忘不了第一次听说托尔斯泰的那些日子，那是 1886 年左右。经过几年酝酿，俄罗斯艺术的一枝奇葩绽放在法兰西大地上。托尔斯泰和陀思妥耶夫斯基作品的译本迅速在所有的出版社发行。1885 年到 1887 年两年之中，巴黎出版了托尔斯泰的《战争与和平》、《安娜·卡列尼娜》、《童年时代》、《少年时代》、《波利库什卡》、《伊万·伊里奇之死》、高加索短篇小说和民间故事等作品。

　　那时我刚刚进入高等师范大学。我们这个小圈子里，有现实主义者和讽刺家，有古典传统的忠实信徒、无神论者和神秘主义者。我们彼此观念不同，过了一段时间后，我们的矛盾却都在喜爱托尔斯泰的作品这一点上变得统一了。每人喜爱的理由各不相同，因为他们都在其中找到了自己，可是对所有人来说，托尔斯泰的作品是对生命的一种启示，是一道通往无垠宇宙的大门。

　　他的作品对我们来说，像是我们的力量、弱点、希望与恐惧的一面镜子。我们不打算调和这些矛盾，也不打算将这颗包罗万象的心纳入宗教或政治范畴，更不会像某些效法保罗·布尔热的人那样，在托尔斯泰去世的第二天便将这位曾经写出《战争与和平》的荷马式诗人归入党派的偏狭激情，仿佛我们的小团体一日间就能成为衡量天才人物的准绳！……托尔斯泰是否属于我这一派，和我有什么关系！

　　我们不会像今天的评论家那样，认为"有两个托尔斯泰，一个是转变以前的，一个是转变以后的。一个好而另一个不好"。对我们而言，只有一个托尔斯泰，我们始终敬爱他，因为我们本能地感觉到，在这样的心魂中，一切都站得住，一切都前后关联。

　　令我们吃惊的是，他的为人自始至终没变，尽管有人不时设置障碍，尽管托尔斯泰本人由于热情洋溢，当他爱的时候总倾向于相信自己是第一次爱，以为这才是他生命的开始。开始，重新开始。他身上发生过多少次同样的改变和同样的斗争啊！我们不能说他的思想是始终如一的，因为他的思想从来没有统一过。在他的思想和心灵中，统一从来是不存在的，统一只存在于他内心感情的搏斗之中，存在于他的艺术和生命的悲剧之内。

艺术和生活是一致的，作品与生活的融合从没有像在托尔斯泰身上那么紧密。二十五岁时起，他的作品便让我们紧随他冒险生活的各种不同经历。他从二十岁以前一直到去世为止的《日记》，以及他提供给比鲁科夫的笔记，补充了我们对他的认识，不仅使我们了解了他内心世界的变化，也看到了孕育他这位天才植根的土壤。

他不大了解他的父母，因此在他的《童年时代》和《少年时代》中动人的叙述很少属实。母亲去世时，他还不到两岁。只能通过哥哥小尼古拉·伊尔捷尼耶夫的讲述，他才能隐约记起母亲的面容，她脸上洋溢的灿烂的微笑，以及她在周遭洒下的无尽的欢乐……

唉！如果我在痛苦的时刻看见这种微笑，我就不会知道什么是哀愁了……

托尔斯泰九岁丧父。父亲的死使他"第一次意识到现实的苦涩，感受到了生活的绝望"。幼小的他，第一次与恐惧这个幽灵相遇。他一生中有时要与这个幽灵搏斗，有时却对它加以改装和颂扬……这种焦虑不安的心情在《童年时代》的最后几章有令人难忘的描绘。

他们一共是五个孩子，住在波利亚纳那座古老的宅子里。托尔斯泰1828年就出生在这里，直到八十二年后去世，一直没有离开过。在这里照顾这五个孤儿是两位热心肠的女人：塔季扬娜姑姑和亚历山德拉婶婶。

这些卑微的人对托尔斯泰的成长留下了深刻的影响。除了她们，托尔斯泰在《童年时代》里没有提及其他对他心灵成长起过作用的那些谦卑的人。透过这本书我们可以感觉到托尔斯泰"那颗充满爱的纯洁心灵，像一道明亮的光，总是看到别人的优点"。他总是充满温柔的感情！他幸福，却想着他所知道的那唯一的不幸者，他流泪，总想为他做些奉献。他亲吻一匹老马，为了使它原谅自己让它受的苦。他因爱他人而感到幸福，哪怕别人并不爱他。此时他未来的才华已露锋芒：他有想象力，常为自己想象的故事伤心。他总是努力去探索人们内心的想法，他锐利的目光，能在丧礼参加者的脸上看出他们是否真的悲痛。他说，他五岁时已经感到，"人生并非享乐而是十分沉重的苦役"。

然而他很快就忘记了这种想法。他开始陶醉在俄罗斯民间故事、带有幻梦色彩的神话传说和《圣经》故事之中，尤其是《圣经》中圣约瑟的历史，直到晚年，他还把它作为艺术典范而向人推荐。还有《一千零一夜》，每天晚上，在他祖母的房间里，总有一个盲人坐在窗台上为他娓娓述说其中的故事。

名师伴你读

品读与赏析

本节通过对托尔斯泰成长环境的描写，揭示了他作品中思想的来源。双亲过早故去的托尔斯泰是不幸的，然而又有热心的亲人的照顾，他又是幸运的。这就决定了他在作品中总是会有一些热情洋溢的歌颂。托尔斯泰的一生都在追求着他的信仰，这信仰和眼前的现实是冲突的，所以托尔斯泰又会不可避免地体现出一种矛盾的状态。

学习与借鉴

1. 修辞手法的运用：本节几次运用对比的修辞手法，给读者留下了深刻印象，如人们对托尔斯泰作品的解读是不同的，但却无法否认作品的影响力，从而突出了托尔斯泰思想的感染力。

2. 用词精当：准确地使用限定性词语修饰，准确地传达出实际情况。如说托尔斯泰的作品，"您是我们的力量、弱点、希望与恐惧的一面镜子"，就较为全面地评价了这位大文豪作品的价值。

在 喀 山

名师导读

"分析，分析……"、"一件事……一件事"，反复的修辞手法突出了托尔斯泰在探索中不断思索的状态，令读者印象深刻。【反复修辞】

连续几处设问，自问自答，意思层层递进。这是托尔斯泰内心的独白，也是他内心迷茫的表现。【设问修辞】

他在喀山上学，成绩平平。

他称自己的少年时代为荒漠时期。在这个时期，他很孤独，头脑总处于狂热状态。一年中，他为自己寻觅并探索了各种学说。他把自己分析，分析……

我只想着一件事，我在想我想着一件事……

无休止地分析，像一部空转的推理机器，这种危险的习惯，据他说，"往往给他的生活带来危害"，但这却成为他艺术的源泉。

这也使他失去了一切信念，他认为是这样。

从十六岁起，他再也不祈祷，也不去教堂了，但信仰依然孕育着。

可是，我仍然有信仰。相信什么？我说不清。我仍然信上帝，或者换句话说，我不否认上帝的存在。但上帝是什么？我不知道。我不否认基督和他的学说。但这种学说是什么，我也说不出。

有时候，他会忽发善念，想把马车卖掉，把钱分给穷人，拿出十分之一的家财为他们谋福利，遣散家里的仆人……"因为他们像我一样都是人。"他曾这样说道。他天真地给自己规定："学习并钻研一切：法律、医学、语言、农业、历史、地理、数学，在音乐和绘画方面要达到最完美的水准……"他确信，"人的宿命在于不断地完善自己"。

但是，在欲念、强烈的感官需要和自尊心驱使下，这种自我完善的信念不知不觉地偏离了方向，变得自私，变得讲求实用且物质化了。他之所以想完善自己，那完全是为了征服世界，获得别人的爱戴。要做到这一点并不容易。他那时长得很丑：脸长且笨重，短发覆在前额，一双小眼睛、深眼窝、阔鼻、厚嘴唇向前突出，还有一副招风耳。他自知长得丑，从小就伤心欲绝，由此产生成为"体面人"的理想。为了和别的"体面人"一样，他也去赌博，糊里糊涂地欠了一身债。

有一个因素救了他，那就是真诚。

"你知道我为什么爱你胜过爱别人吗？"他的朋友涅赫柳多夫对他说，"因为你有一种惊人而罕见的品质——坦率。"

"是的，我连说出来自己都感到脸红的事也照说不误。"

而且，按照他酷爱分析的习惯，他写下了他犯错误的原因：

1. 优柔寡断或缺乏魄力；2. 自欺欺人；3. 操之过急；4. 妄自菲薄；5. 心绪不稳；6. 是非不分；7. 模仿性；8. 浮躁；9. 缺乏周密思考。

这种独立判断的做法，他在念大学时候已经用来批判社会习俗和思想上的迷信。他看不起大学传授的知识，不愿做正规的历史研究，因思想大胆而被停学。在这个时期，他发现了卢梭的《忏悔录》、《爱弥儿》。

我崇拜他，将他的肖像似圣像一样挂在脖子上。

他最初写的几篇哲学论文都是评论卢梭的（1846—1847）。

当大学和"体面人"令他厌烦时，他回到了波利亚纳村——自己的家园。他在初期作品《一个地主的早晨》中，以涅赫柳多夫的形象阐述了他此时的生活。

涅赫柳多夫刚刚二十岁，他放弃上大学，想为他的农户谋福利。为他们办了一年好事之后，他来到村里，却遭到嘲笑和冷遇、根深蒂固的猜忌、因循守旧、浑浑噩噩、为非作歹、忘恩负义，他的一切努力都白费了。他绝望地回到家中，想起一年前的梦想、自己的抱负，想到他以前的理念，即"爱和善是这个世界

名师导读

富有典型性特征的肖像描写，抓住了人物外貌的主要特征，用简短的几个短语生动地描绘出了人物的外貌特征。【外貌描写】

这里的"体面人"无疑具有贬义，他们不学无术。此时的托尔斯泰厌倦了过去的那些生活，要回到故园，重新寻找精神的家园。【语句理解】

名师导读

托尔斯泰将自己的情感通过小说人物来得以表达。【概括叙述】

上唯一可能的幸福和真理"。他认为自己失败了，心中羞愧，万念俱灰。

他又看到了刚才和他谈话的那些下流、多疑、爱撒谎、懒惰和固执的农民。但这次他只看见他们的长处，而不再看短处了。他用爱的直觉进入他们的内心，看到他们的忍耐、乐天知命、逆来顺受，看到他们对家庭的感情、一贯真心实意地依恋过去的原因。他想起他们勤勤恳恳、辛苦而有收获的劳动……

整个托尔斯泰活灵活现地显现在这第一篇小说的主人公身上，他眼光清晰，幻觉依然。他以地地道道的现实主义眼光去观察，可是只要闭上眼睛，梦想和对人类的爱重又在他心中涌现。

然而1850年的托尔斯泰不像涅赫柳多夫那么有耐心。亚斯纳亚让他很失望，他对那里的老百姓和上层人物也已感到厌倦。他扮演的角色成了沉重的负担，简直无法再坚持下去。另外，债主们也纠缠不休。

1851年，他逃往高加索，去投奔当军官的哥哥尼古拉。

环境的改变使他的生命又一次绽放出了光彩。

1852年，托尔斯泰写出了《童年时代》、《一个地主的早晨》、《袭击》、《少年时代》。

《童年时代》于1851年秋天在蒂弗利斯着手写作，1852年7月2日在高加索的皮亚蒂戈尔斯克完成。写作《童年时代》的时候，他正在患病，在军队里的活动突然停了下来。漫长的复原过程中，他无事可做，孤寂而痛苦，于是多愁善感起来，温情的眼睛面前便展现出往日的景象。经历了几年徒劳无功却令人筋疲力尽的紧张生活，再重温早年"天真、美妙、富有诗意而快乐的日子"，使心境重又变得"像孩子般善良、敏感而有爱心"，当然别有一番温馨的滋味。此时的托尔斯泰把《童年时代》的叙述仅看做《四部曲》的前几章，这《四部曲》也应该包括他在高加索的生活，可能直到大自然向他显示上帝的存在为止。

《童年时代》对他的成名颇有帮助，但他后来对这部作品却有诸多挑剔。他对比鲁科夫说："写得糟透了，一点儿文学味儿也没有！……简直毫无可取之处。"

持这种看法的只是他一个人。作品的手稿没有署名，寄给了鼎鼎大名的《现代人》杂志，很快便刊出了，并获得极大的成功。欧洲各国读者一致赞扬，可是，尽管作品很有诗的魅力，笔触精妙、感情细腻，托尔斯泰后来却很不喜欢。

他不喜欢的理由正是别人欣赏的原因。确实，书中除了对几个当地人物的描写和少量感情真挚并具有宗教意识的篇章之外，他本人的个性并不突出。这部作品温情脉脉、多愁善感的情调，使托尔斯泰后来很反感，在其他小说中，他完全排斥了这种写法。托尔斯泰十四岁到二十一岁时最喜欢读的书正如他在《日记》中所说，是"狄更斯的《大卫·科波菲尔》，我受其影响颇大"。在高加索时，他把这部小说又看了一遍。

他还曾谈到两个人对他的影响，这就是斯特恩和托普费尔。他说："当时我完全受他们的启发。"

谁会想到《日内瓦小说集》竟是他写《战争与和平》的第一个范本呢？由此不难在《童年时代》中发现同样的亲切、乐观而略带嘲讽的口吻，只不过搬了家，移植到一个比较有贵族气息的环境里罢了。

因此，托尔斯泰从一开始便似乎以一个公众熟悉的面目出现，但很快就显露了个性。《少年时代》没有《童年时代》那么单纯、那么完美，展示出一种独特的心理状态，一种对大自然的强烈感受和一颗饱受困扰的心。在《一个地主的早晨》中，托尔斯泰的个性似乎已经完全形成，观察大胆而率真，对爱也充满信念。在这个短篇中，他出色地刻画了几个农民形象，他后来写的《民间故事》中描绘得最妙的一个人物——养蜂老人，此时已略见端倪。老人身材矮小，站在桦树

名师导读

反问的运用准确表达出作者的语气和态度。
【反问修辞】

🌸 名师导读

对人物和场景的描绘引人入胜，"闪闪发光"、"金色"、"花环"，用这些美好的词语展现给读者一个宁静祥和的画面。【描写生动】

仅几笔就活灵活现地展现出人物形象，人物外形和内在的对比也得到了突出。【描写生动】

连续使用反问，引起读者思考——在美好的环境里人类应该消除恶意、自由自在地生活。肯定了善和美。【反问修辞】

下，伸出双臂，眼睛看着天空，光秃的头在阳光下闪闪发光，周围有一群金色的蜜蜂，不仅不螫他，反而在他头顶飞绕，仿佛一个花环……

但这个时期的代表作则是直接记录他当时那些感受的作品——《高加索纪事》。其中第一篇《袭击》给人留下了深刻的印象：河边的山中日出，途中，夜色苍茫，远处积雪的群山逐渐在紫色的暮霭中隐没，透明的空气中响起了士兵们优美的歌声。

《战争与和平》中的好几个典型人物已在这些作品中出现。如赫洛波夫大尉，一个真正的英雄，他打仗并非出于个人的兴趣，而是尽他的责任。他那张脸是"典型的俄罗斯人的面庞，淳朴、镇静，是那种让人乐于直视的脸"。他笨重、不灵活、有点儿可笑、对周围的事不太理会，打仗时，其他人都有所变化，只有他依然故我，"跟平日所见的一样，动作沉稳，声音不高也不低，脸上还是一副朴实、憨厚的表情"。比起他来，那个中尉则是莱蒙托夫式的英雄，心地善良，却装做十分凶狠。而那个可怜的小个子少尉，第一次打仗高兴得了不得，恨不得搂着每个人的脖子亲吻，可爱又可笑，像彼佳·罗斯托夫那样莫名其妙地送了命。画面的正中是托尔斯泰的面孔，他只是观察而不介入伙伴们的思想，实际上，他已发出了反对战争的呼声。

世界是这样美好，头上是一望无际的星空，难道人类就不能自由自在地活着吗？在这里，他们怎能怀有恶意、怀有复仇和消灭同类这种疯狂的心理呢？大自然是善与美最直接的体现，一经和大自然接触，人类心中所有的恶念都应该烟消云散。

这个时期所观察到的有关高加索的故事，都是稍后写的，如《伐林》，叙事准确，虽然有点儿冷峻，但对俄罗斯士兵的心理刻画得十分有趣；《一个被贬谪的军官》，写一个堕落的上流人士，被降了职的下级军官，酗酒、撒谎的懦夫，他怎么也想不通自己竟会像这些他所看不起的士兵那样去送死，其实这些士兵里最差的一个也胜过他一百倍。

凌驾在这一切作品之上，成为这第一道山脉最高峰的作品，是托尔斯泰最美的抒情小说之一，也是他的青春之歌——高加索诗篇《哥萨克》。在明亮天空的衬托下，灿烂的雪山连绵伸展，和谐的乐韵贯穿全书。从这一点来看，此书简直是春天的滔滔急流，爱情的娓娓倾诉！

名师导读

　　景物描写优美，将书比喻为"春天的急流"和"爱情的倾诉"，生动形象。【比喻修辞】

在青年时期，托尔斯泰疯狂陶醉在对力量和生活的热爱之中。他拥抱大自然并与之融为一体，向大自然倾诉、宣泄他的哀愁、快乐和爱情。在这热情的诗篇里，景物描写的生动和人物刻画的逼真，是别的作品所难以达到的。自然与人世的对立是全书的背景，也是托尔斯泰一生中最爱采用的思想主题。这使他找到《克莱采奏鸣曲》中的严酷冷峻之音，并以此来鞭挞人间百态。对他所喜爱的人，他的描写也同样真实。自然界的生物、美丽的哥萨克姑娘和他的朋友，都被放在光天化日之下观察，他们的自私、贪婪、诡诈和毛病，他都照写不误。

更重要的是，高加索向托尔斯泰揭示了他本人深厚的宗教意识。他自己也是以保守秘密为条件才告诉他青年时代的知己——他年轻的婶婶亚历山德拉。他在 1859 年 5 月 3 日写给她的信中"表明了他的信仰"。他说：

"小时候，我并没有思考，只凭热情去信仰。十四岁左右，我开始思考人生。由于宗教和我的想法不一致，我把消灭宗教看成一件好事……我觉得一切都很合乎逻辑，一切都安排得很妥当，没有宗教的地位……后来有一段时间，生活对我来说已没有什么秘密，而且也开始失去意义。这时我正在高加索，感到孤独和烦恼。然而这是一个有苦有乐的时期，真的，我的思想从没达到过这样的高度，只在最近我才看得这样透彻。当时我感觉到一切将都成为我的信念……

名师导读

　　语句意思层层推进，"既……也……更……"，表现了作者辛苦地寻觅却毫无结果，虽然如此，"我"却依然不放弃。【层层递进】

在我坚持不懈的脑力劳动中，我发现了一条简单的真理，要永远幸福就必须为他人活着。于是，我不再向前探索，我开始到福音书里找寻。可惜没有发现多少。<u>既没有找到上帝，也没有找到救世主，更找不到圣体……但我尽我的一切力量去探索。我很痛苦，我只要真理……就这样，我只有和宗教在一起。</u>"

名师伴你读

品读与赏析

　　本节叙述了托尔斯泰在喀山和高加索的生活经历以及这个时期创作的作品，展现了他这一时期的作品的现实来源。学校——故园——高加索，托尔斯泰始终都在思索和探寻，环境的变迁使托尔斯泰的思想和信仰不断发生着变化，这些都在他不同时期的作品中有所体现。尤为值得称道的是，作者没有把大文豪作为完人来写，托尔斯泰也有缺点且长相丑陋，这样，反而使人物形象更加真实。

学习与借鉴

　　1. 生动的肖像描写：准确把握人物外貌特征，用极精练的语言突出人物外貌的主要特征。如养蜂老人、赫洛波夫大尉这两个人物形象的描写就极为生动。

　　2. 设问的修辞手法：面对信仰，托尔斯泰产生了一系列的疑问，但是即使他不知道问题的答案，他仍然有信仰。

一段奇妙的军旅生活

1853 年 11 月，俄国向土耳其宣战。托尔斯泰应召到罗马尼亚军中服役，后来转到克里米亚。1854 年到达塞瓦斯托波尔。他爱国热情高昂，作战勇敢，经常置身险境。

接连几个月，托尔斯泰生活在激昂的情绪中。此时他的宗教神秘主义又开始作祟。1855 年 4 月，他在日记中记述了一段祷文，感谢上帝在险境中保护他。他写道：

我已被引至一个伟大的想法，我觉得，为了实现这一想法，我可以贡献出我的生命。那就是建立一种新的宗教，一种清除了教条和迷信的宗教……完全按照良知行动，以便通过宗教将人类团结起来。

为了转移自己的注意力，他又开始写作。在枪林弹雨中，他完成了他《回忆录》的第三部分《青年时代》。书的内容很凌乱，像司汤达一样，动不动就在大类之下又分小类。但在其中他居然能冷静地参透一个青年人头脑里错综复杂的情绪和梦想。作品中对自己的表现显出了少有的坦率。其中某些篇章还洋溢着热情的泛神论，有一种细腻的抒情美，其笔调令人不禁想起他的高加索的札记来。

然而当前的现实遮住了以往的梦想，强迫他不得不去关注。《青年时代》因此没有写完。副队长列夫·托尔斯泰伯爵在棱堡的天然屏障下，在隆隆的炮声和同伴们中间，观察着生者与死者，并将他们和自己的苦恼记录在令人难忘的《塞瓦斯托波尔纪事》之中。

这三篇纪事——《1854 年 12 月之塞瓦斯托波尔》、《1855 年 5 月之塞瓦斯托波尔》、《1855 年 8 月之塞瓦斯托波尔》，一般总是被人相提并论的。其实，三篇各有不同，尤其是第二篇，其中对艺术的感受有别于其他两篇。第一篇和第三篇以爱国主义为主体，而第二篇则翱翔着普遍的真理。

据说沙俄皇后看了第一篇之后落泪了，沙皇在赞赏之余，下令将其译成法语，并将作者调离危险地带。道理很容易明白，文中全是对祖国和战争的赞颂。托尔斯泰初来乍到，情绪高昂，陶醉在英雄主义之中。在塞瓦斯托波尔的保卫者身上，他尚未发现野心、自大和庸俗的感情。对他来说，这是一首崇高的史诗，其中的英雄"堪与古希腊的英雄媲美"。另外，这些纪录丝毫看不出做过任何想象方面的努力，亦没有任何客观再现的尝试。作者在城里漫步，看事物头脑很清醒，但叙述的方式却很拘谨："你看……你进去……你发现……"简直是长篇的报道，只不过加上一些对自然的观感而已。

第二篇的场景便完全不同了。《1855 年 5 月之塞瓦斯托波尔》一开始便可以读到这样的字句：

千万种人类自尊的心理在这里彼此碰撞，或者在死亡中趋于沉寂……

稍后，他又写道：

……由于人多，虚荣心也多……虚荣、虚荣，到处都是虚荣，甚至到了坟墓的门口也是虚荣！这是我们这个世纪特有的疾病……为什么荷马和莎士比亚他们要大谈爱情、荣耀和痛苦呢？为什么我们世纪的文学只是爱慕虚荣的人和冒充高雅之徒没完没了的故事呢？

纪事已经不再是简单的记述，而是让情欲和人类直接登台，将隐藏在英雄主义背后的东西揭示出来。托尔斯泰清醒的目光在他战友们的内心搜索，在他们的和自己的心里看到了骄傲、恐惧，看到了死亡近在咫尺时，人间还在继续上演的喜剧。尤其是恐惧已被供认，已被他揭开了面纱，赤裸裸地暴露在眼前。托尔斯泰毫无顾忌、坦率而无情地分析了这挥之不去的恐惧心理和畏死情绪。在塞瓦斯托波尔，他学会了抛开一切多愁善感的心态，他轻蔑地称之为一种"哭哭啼啼、女性才有的泛泛的同情"。他善于分析的天赋在少年时代已经显露，有时还带点儿近乎病态的性质。在叙述普拉斯库金之死时更达到了登峰造极、出神入化的程度。他足足用了两页来描写当炮弹落下，嘶嘶作响而尚未炸开的一刹那，普拉斯库金脑子里闪过的念头，又用一页写炮弹炸开，可怜的人"胸部被一块弹片击中立即丧命"之后，他内心的想法。

就像剧中休息时的乐队暂停，在战斗的场景中突然展露出大自然的景色，道道日光刺透乌云，白昼的乐章奏起并洒落在如此壮观的沙场上，地面躺着成千上万即将死去的人。于是他忘记了他第一篇纪事中的爱国主义，诅咒起离经叛道的战争来。

这些人，这些基督徒，他们宣扬同一种爱和牺牲的伟大法则，但看见自己的所作所为，竟不在上帝面前跪下忏悔！正是上帝在赐予他们生命的同时，在他们每一个人的内心除了放进对死亡的恐惧之外，还有对善与美的爱！他们竟不含着欢乐和幸福的眼泪，像兄弟一样互相拥抱！

在完成这部短篇小说——其口吻比他以往任何作品都更尖刻——时，托尔斯泰突然产生了怀疑。他是否不应该说这些呢?

我产生了怀疑,心像被揪着一样,也许我不应该说这些。也许我说的是令人讨厌的真心话,人人都下意识地藏在心里不说,也不应该说,否则有害无益,如同酒渣一样,不能搅动,否则酒质就坏了。什么是应避免说出的坏事?什么是应该模仿的好事?谁是坏人,谁是英雄?人人都好,人人都坏……

但他骄傲地镇定下来:

我这部短篇小说的主人公是我最心爱的人物,我打算将他的美全部表现出来,使他的过去、现在和将来都美,这就是真实。

《现代人》杂志的主编涅克拉索夫看了这些篇目后,写信给托尔斯泰说:

这正是今天俄罗斯社会所需要的——真实。自从果戈理去世以来,俄罗斯文学里真实的东西太少了……您给我们的艺术带来的这种真实性对于我们是全新的东西。我只担心一件事:时间和人生的怯懦,我们周围装聋作哑的人们会像对待我们大部分人那样对待您,担心他们会扼杀您的锐气。

这事一点儿不用担心。时间会消磨一般人的锐气,但却锻炼了托尔斯泰的意志。然而,当时祖国的磨难,塞瓦斯托波尔的失守,使他那颗虔诚的心感到痛苦,他后悔自己的坦率直言有点儿过分苛严了。

在第三篇纪事——《1855年8月的塞瓦斯托波尔》中,他正讲述军官们赌钱吵架时,突然中止了叙述,说道:

这场戏赶紧落幕吧。明天,也许今天,这些人中的每一个都可能慷慨赴死。每个人的心中都埋藏着一星会使他们成为英雄的高尚火花。

这种考虑并没有损害故事本身的现实主义力量,可是人物的选择却相当明显地道出了作者的倾向。马拉科夫史诗般的激昂战斗和悲壮的沦陷,通过两个感人和高傲的形象表现出来。这两个形象是两兄弟,哥哥是科泽尔佐夫上尉,颇有几分像托尔斯泰;弟弟是旗手沃洛佳,此人腼腆而热情、好作激动的独白、一脑子梦想、一点儿小事就会掉眼泪,有时是温情的泪,有时是委屈的泪。刚到棱堡时很害怕(可怜的小家伙还怕黑,睡觉时总用军大衣蒙头),因为孤独和旁人的冷淡,他感到苦闷,但时候一到,却能高高兴兴地面对危险。他属于那种颇具诗意的少年(《战争与和平》中的彼佳、《袭击》中的少尉),心中充满爱,能够笑傲沙场,然后突然莫名其妙地倒下。这两兄弟同一天(守城的最后一天)中弹身亡。

他在这里待了足足一年,搞清了情欲、虚荣和人类痛苦的底蕴。出来以后,他回到彼得堡的文人圈里。他对这些人既憎恶,又蔑视,觉得他们庸俗、市侩，而且谎话连篇。这些人远看似乎戴着艺术的光环——像屠格涅夫，托尔斯泰曾经很欣赏他，而且刚把自己写的《伐林》题赠给他——近看却让他大失所望。1856年的一张照片中，托尔斯泰和他们在一起，有屠格涅夫、冈察罗夫、奥斯特罗夫斯基、格里戈罗维奇、德鲁吉宁。旁人都很自然，唯有他显得特别：神情严峻、生硬，瘦骨嶙峋、两腮凹陷、姿态僵硬地交叉着双臂。他穿着军服，站在这些文学家后面。苏亚雷斯很风趣地写道："他像是看守着这些人而不是他们中间的一员，似乎随时准备将他们押回监狱。"

所有人都殷勤地围着这个刚来到他们中间的年轻同道。他拥有双重光荣：作家和塞瓦斯托波尔的英雄。读到塞瓦斯托波尔的场面时曾经含泪大呼"乌拉"的屠格涅夫，友好地向他伸出了手。但这两个人合不来。尽管两人都能精细地观察这个世界，内心色彩却大不相同。一个爱嘲讽、敏感、多情、头脑清醒、酷爱美；另一个则粗暴、骄傲、经常为道德思想所苦恼，心中总蕴藏着一个神明。

托尔斯泰尤其不能原谅这些人的是，他们自以为是人类大军的排头兵。他对他们的反感还出于他贵族和军官的骄傲，看不起这些自由主义的市民阶级文人。他还有一个性格特点——他自己也承认——就是"本能地反对所有普遍认可的推理"。对人类不信任，对人类理性潜在的蔑视，使他到处都发现人类自欺欺人，也就是撒谎。

他从不相信人类的真诚，认为任何道德的冲动都是虚伪。他惯于以异常锐利的目光鞭挞他认为不讲真话的人……看他听人说话的样子！看他用深深嵌在眼眶里那双灰色的眼睛怎样看着和他说话的人！他报着的双唇透出多少讥讽的味道！屠格涅夫说托尔斯泰刺人的目光，再加上两三句恶毒的词句，足以令人暴跳如雷，看见这种目光，他感到从未有过的难受。

托尔斯泰和屠格涅夫之间的前几次会面，就发生过激烈的争吵。离得远的时候，他们才会冷静下来，试图努力给对方一个客观的评价。但随着时间的推移，托尔斯泰对他那些文学界的朋友越来越反感。他不能原谅这些艺术家生活堕落，嘴里却大谈仁义道德。

我确信几乎他们所有的人都不道德、邪恶、品格低下，比我在军旅生涯中遇见的那些人还差劲。可他们却像身心健全的人那样，非常自信，心满意足。我讨厌他们。

他离开了他们，但在一段时间内还保留着和他们一样的艺术上的功利观念，他的骄傲心理从中获得了满足。那是一种报酬丰厚的宗教，它可以带来"女人、金钱、荣誉……"

为了更好地投身文学，他辞去了军职。

但像他那种气质的人是不会闭上眼睛的。他相信，他愿意相信进步，觉得"这个词是有涵义的"。从1857年1月29日到7月30日，他去国外旅行。到法国、瑞士和德国，结果推翻了这个信念。在巴黎，4月6日，他观看了一次处决犯人，"使他认识到对进步的迷信纯属虚妄……"

1857年7月7日在卢塞恩，他看见一个流浪的小歌手，寓居施韦茨霍夫的英国有钱人不愿掏钱施舍，于是，他在《D. 涅赫柳多夫公爵日记》中写道，他鄙视自由主义者死抱着一切幻想，也鄙视那些"在善与恶的海洋上划出假想界线"的人。

回到俄罗斯的故乡亚斯纳亚之后，他重又关注起农民问题，这并非他对民众已经不抱幻想。他写道：

不管声称民众通情达理的卫道士们怎么说，民众或许是个好人的集合体，但他们凑在一起只是因为他们都有兽性和可耻的一面，这恰恰反映出人类天性的弱点和残酷。

因此，他的工作对象并非群体，而是每一个人、每一个孩童的个人良知。因为这才是希望的所在。他创办了几所学校，但不知道教什么。为了解决这个问题，从1860年7月3日到1861年4月23日，他又一次旅居欧洲。

他研究过许多教育理论，但都没有采用。他去过两次马赛，发现真正的民众教育是在校外——他觉得学校很可笑，通过报刊、博物馆、图书馆、街道和现实生活来进行，他称这一切为"意识不到的"，或者"自发的学校"。自发的学校是相对于他认为有害而愚蠢的强制性学校而言，这就是他想回亚斯纳亚·波利亚纳创建和试办的学校。他的宗旨是自由，他不允许一小撮所谓精英分子，将自己的学问和错误强加给他们所不了解的民众。这种强迫性的教育方法在大学里从来培养不出"人类需要的人才，而只能培养出堕落社会需要的人：官吏、官吏式的教授、官吏式的文学家，或者毫无目的地离开了原来的环境、虚度了青春、在社会上找不到位置的人——病态的、易怒的自由主义分子"。该让人民说说他们需要什么是完全有理由的，他们有其他更迫切、更合理的精神需要。你就想办法了解这些需要，并帮助他们去满足这些需要吧！

他一直是革命的保守派，他一直想将这些自由理论在亚斯纳亚付诸于实践。同时，他还努力将一种更人道的精神引进农业经营之中。1861年，他被任命为克拉比夫纳县的土地仲裁人，保护老百姓，反对地主和国家滥用职权。

请不要以为这项社会活动能给他带来满足，使他全身心地投入。他仍然摆脱不了与此对立的一些欲望。尽管他努力接近民众，有时寻欢作乐的愿望会重新萌发，有时是由于好动。他曾因猎熊几乎送命，赌起钱来输赢很大，甚至被他看不起的彼得堡文学界也仍然能对他产生影响。从这些误区走出来，由于厌恶，他深深陷入烦恼。这个时期的作品不幸也带有这种艺术上和思想上不稳定的痕迹。《两个骠骑兵》有追求风雅的倾向，一派纨绔子弟的浮华浪荡作风，让托尔斯泰自己看了很不舒服；《阿尔贝特》，单薄、古怪，缺乏托尔斯泰惯有的深度和精确度；《记分员笔记》比较引人注目，但写得匆忙，似乎反映出托尔斯泰对自己感到厌恶。

这时，死亡开始经常在托尔斯泰的脑际萦回。《三死者》已经预示了《伊凡·伊里奇之死》中那种阴暗的分析，垂死者的孤独感和对生者的仇恨，他绝望地询问："为什么？"这部描写三个死者的三部曲确有其伟大之处，肖像刻画细腻，形象相当动人，尽管作品享誉过高，但结构松散，白桦树之死也缺乏使托尔斯泰的风景描写产生美感的那种清晰确切的诗意。从整体来看，我们还不清楚其中占主导地位的，是为艺术而艺术的思想还是道德的意图。

连托尔斯泰自己也不知道。1859年2月4日，他在莫斯科俄罗斯文艺爱好者协会举行的招待会上发表演说，颂扬为艺术而艺术。倒是该协会的会长向他这位"纯艺术的文学代表"致敬之后，与他唱反调，捍卫为社会和道德而艺术。

一年以后，即1860年9月19日，他心爱的哥哥尼古拉因肺病在耶尔去世，托尔斯泰受此打击，几乎"动摇了对善、对一切的信念"，并放弃了艺术。

然而，大约六个月以后，他写了《波利库什卡》，又重新回到"美丽的谎言"中，这部作品除了表达对金钱及其罪恶势力的诅咒之外，也许是他纯粹为艺术而写的一部作品了，当然仍然是一部杰作。其缺点只是观察过分庞杂细致，选材过多，结尾也太惨烈，与充满幽默感的开头的对比过分强烈，甚至有点儿残酷的对照。

名师 伴你读

品读与赏析

托尔斯泰的内心始终没有停止过争斗——柔情还是残酷，希望还是绝望……一切都充斥在这位伟大作家的心中，让他很多时候找不到正确的航向，迷失在其中。他与当时所谓的主流不和，他甚至鄙视那些市民文人，这一切都源于他的经历和永不疲惫的思想。是为艺术而艺术，还是为道德而艺术，在托尔斯泰的创作中，我们看到的是一个矛盾和彷徨的托尔斯泰。

学习与借鉴

1. 典型的外貌描写：肖像描写为表达中心服务。比如，本节中关于托尔斯泰在彼得堡文圈里出现时的外貌描写，就突出了身为军旅作家的主人公冷峻而高傲的精神风貌。可见，选取人物外貌的典型特征，能突出人物性格上的特点。

2. 举例论证：在对事物作出总结时有具体实例的支撑可以让论述更具说服力。比如，提到托尔斯泰关于"为艺术而艺术"还是"为道德而艺术"的模糊心理时，作者就列举了他的矛盾行为。

爱情插曲

名师导读

这是一个过渡时期，托尔斯泰在摸索，他对自己产生怀疑，还有点儿自寻烦恼，像《记分员笔记》中的涅赫柳多夫一样，"没有强烈的欲望，没有主宰一切的意志"。但这个时期他写出了他以前从未创作过的最清纯的作品《家庭幸福》。这不能不说是爱情的奇迹。

多年来，他一直是贝尔一家的朋友，先后爱上过这家的母女四人，但最终却倾心于第二个女儿。但他羞于承认。苏菲·安德烈耶夫娜·贝尔还是个孩子，十七岁，而他已经三十多岁了。他觉得自己已经是个老头儿，无权将自己的生命与一个天真烂漫的少女结合在一起。他内心斗争了三年之久。后来，在《安娜·卡列尼娜》这部小说里描述了他如何向苏菲·贝尔表白，而少女又如何回应他的情形：两个人用粉笔在桌子上写出他们不敢明言的话语的第一个字母。1862年9月23日，他们举行了婚礼。

其实这场婚礼早在三年前写作《家庭幸福》的时候，就已在他的脑海里举行了。三年以前，当爱情刚刚萌芽，尚未被察觉时，他已经提前享受了幸福甜蜜的爱情生活，落下过"幸福一去不复返"的眼泪；还有新婚燕尔时的得意忘形，爱情的自私，然后是厌倦，模模糊糊的不快，单调生活的烦闷，两颗结合在一起的心慢慢地分开，彼此越离越远；交际场上对少妇包含着危险的陶醉——卖弄风情、嫉妒、要命的误解。终于，心灵的秋天降临，带着脉脉温情的哀愁，再度露面的爱情已经苍老褪色，带着眼泪、皱纹、对苦难的回忆，怀着对相互伤害和虚度年华的遗憾，显得益

用简练的短语概括了大的时间跨度。情感由巅峰到波谷，都通过简短的话语跃然纸上。【语言凝练】

发动人——再后是明净清澈的夜，从爱情庄严地过渡到友谊，从浪漫的激情过渡到母爱……这一切该发生的事，托尔斯泰已想象到过，也体会过了。为了更好地体验这一切，他在他所爱的人身上付诸实践。第一次——也许是托尔斯泰的作品中第一次——小说的故事在一个女人的心中展开，由她讲述。讲得太妙了！美丽的心灵蒙着羞答答的轻纱……这一回，托尔斯泰分析时不用强光，也没有固执地要暴露赤裸裸的真相，不是直接说出内心生活的秘密，而是让读者自己去猜测。托尔斯泰的心灵和艺术变得温柔了，形式和思想达到了和谐的平衡：《家庭幸福》具有拉辛作品那种完美的境界。

托尔斯泰清醒地预感到婚姻会给他带来甜蜜温馨，也会给他带来困扰，但毕竟是一个喘息的机会。当时，他身心疲惫，病魔缠身，对自己和自己所做的努力也都感到厌烦。继第一批作品获得巨大成功之后，随之而来的是批评界的沉默和公众的冷淡。他对此装做颇为得意的样子。

我的名声已大大失去了群众基础，对此我很担忧。现在，我心境平静，我知道自己有话要说，也有力量大声说出来。至于群众，他们愿怎么想随他们的便好了！

他对自己的艺术并没有把握。诚然，文学这个工具他用得很娴熟，但不知该用来干什么。正如他谈到《波利库什卡》的时候说："这是一个会舞文弄墨的人，就随便碰到的一个主题乱说一通罢了。"

他的社会事业流产了。1862 年，他辞去了土地仲裁员的职务。同年，警察来亚斯纳亚·波利亚纳大肆搜查，把学校也查封了。托尔斯泰当时没在家，因疲劳过度，他担心染上了肺结核。

仲裁纠纷对我说来是太困难了，学校工作也没有头绪，想教人又不想让别人知道自己根本不懂得教什么，这一切使我产生怀疑，使我心灰意冷，我的病就

名师导读

描述托尔斯泰作品中第一次由女人为主角讲述心中的故事时，为说明其"讲得太妙了"，用了"美丽的心灵蒙着羞答答的轻纱"这样诗一般优美的语言，使人感到一种朦胧美。
【语言生动】

名师导读

是这样来的。若不是生活中我尚未知的一面救了我，我早就像十五年后那样陷于绝望了。这就是：家庭生活。

他对一切都很有情，因此起初他尽情享受家庭生活。托尔斯泰伯爵夫人对他的艺术也起了不可磨灭的影响。她在文学方面很有天赋，所以，像她所说的那样，她是一位"地道的作家太太"，因为她总把丈夫的事业放在心上。她和丈夫一起工作，把他口授的记录下来，为他誊清草稿。她还努力使他对社会乌托邦关上大门，重新点燃他的创作天才之火，还进一步用她女性的心灵给这位天才带来新的、丰富的创作源泉。除了《童年时代》和《少年时代》中几个美丽的侧影之外，托尔斯泰早期的作品几乎没有女性的地位，即使有，也是次要角色。但他爱苏菲·贝尔，在这种爱的影响下，女性在《家庭幸福》中出现了。在随后的作品中，少女和女人的形象越来越多，而且其生活内容之丰富超过了男性。大家认为，托尔斯泰伯爵夫人是她丈夫的模特儿，在描写《战争与和平》中的娜塔莎是如此，在刻画《安娜·卡列尼娜》中的基蒂时也如此。不仅这样，她还以提供个人意见和看法的方式成为她丈夫的合作者。《安娜·卡列尼娜》的某些段落似乎完全是女性的手笔。

美满幸福的婚姻，使托尔斯泰在十到十五年间尝到了多年没有的和平与安宁。于是，他在爱情的滋润下创作了执19世纪小说之牛耳的鸿篇巨制《战争与和平》和《安娜·卡列尼娜》。

这句总结，起到了强调主题的作用，说明托尔斯泰夫人对他的艺术产生了深刻影响。【概括性描述】

用简洁的语言对上文内容进行总结性概括。【概括性叙述】

名师伴你读

品读与赏析

美好的爱情让人陶醉，让人的心境在不知不觉中发生着改变，沐浴在爱河中的托尔斯泰也不例外。爱情让他的作品中多了一分优美和朦胧，女性角色也从之前的幕后走到了台前，甚至其丰富程度超过了男性角色。虽然爱情会不可避免地随着时间的流逝而褪色，但是美满的婚姻还是给托尔斯泰带来了少有的和平和安宁，为他下一步的创作打下了坚实的基础。

学习与借鉴

1. 描写生动：如"托尔斯泰伯爵夫人对他的艺术也起了不可磨灭的影响"，"不可磨灭"可谓用词精准。作者写到托尔斯泰在头脑中想象的自己的婚姻时，文笔十分凝练生动。

2. 叙述角度：例举托尔斯泰的《家庭幸福》时，作者惟妙惟肖地介绍了他从女性视角去叙述故事的完美效果，使文章增加了柔情和朦胧之美。

鸿篇巨制《战争与和平》

　　《战争与和平》是现代的《伊利亚特》，它汇集了无数的人物和感情。在这个广阔的人海上空，翱翔着一个凌驾一切的灵魂——从容地掀起、又平息一阵阵暴风的鹰。当我看着这部作品时，就会想到荷马和歌德。后来我发现，在写这部小说的时候，托尔斯泰从荷马和歌德的作品中吸取了不少的营养。而且他在 1865 年的笔记中，将不同文学形式分类的时候，把《奥德赛》、《伊利亚特》、《1805 年》都归入同一类。他的思想活动自然而然地把他从描写个人命运的小说引入了描写军队和各国人民的意志所植根的人类群体之中。塞瓦斯托波尔之围的悲惨经历使他了解了俄罗斯民族之魂及其古老的生活。《战争与和平》在他的创作计划里，只不过是展现从彼得大帝到十二月党人这组俄罗斯史诗般的壁画里的中心画面罢了。

　　要感受这部作品所蕴涵的强大精神力量，就必须了解隐藏在其中的整体性。作品开始是一片风平浪静的海洋，正如战争前夕的俄罗斯社会一派和平气氛。开始一百页用客观、准确和高妙的讽刺手法，刻画了上层社会人们心灵的空虚。然而一直到了第一百页左右，那些虽生犹死的人当中最坏的一个——巴西尔公爵才大声喊道：

　　我们遭罪，我们骗人，这一切是为了什么呢？我的朋友，我现在已经五十多岁了……一切都将以死亡结束……死亡，多么可怕的事情啊！

　　在这些没有一点儿情趣、胡话连篇、不务正业、又敢于作奸犯科的人中间，也有几个天性善良的人。如诚恳直率、淳朴老实的皮埃尔·别祖霍夫，独立不羁、具有古俄罗斯情致的玛丽·德米特里耶夫娜，积极向上的罗斯托夫兄弟，善良忍让的玛丽郡主，还有并非善良、自尊、深为这种不健康的生活而苦恼的安德烈公爵。

　　大海开始掀起了波涛。俄军开进了奥地利。真正的领袖并不参与刻意的指挥，而是像库图佐夫或者巴格拉季昂那样，"设法使人相信，他们的个人打算与当时的局势，以及部下的意志和任由命运的摆布是完全协调一致的"。安德烈公爵叹了一口气，又活了下去……而在另一边，暴风雨充满生机的气息吹不到的地方，两个最优秀的人皮埃尔和玛丽郡主正面临着社会浊流的威胁和婚姻爱情的欺骗。安德烈在奥斯特利茨负了伤，他仰面躺着，"只见头上的天空深邃无垠，懒洋洋地飘浮着几块灰色的云彩"。他心想：

多么安静！多么祥和！和我发疯般的狂奔多么不同！这高远的天空，我为什么早没看见呢？现在终于看到了！是的，一切都是虚无的，一切都是欺骗，除了他——除了他，什么都没有……让我们赞美上帝吧！

然而，波涛回落，生活恢复原状。在城市颓靡的氛围中，沮丧的心绪不宁的人们又开始自暴自弃，开始在黑暗里彷徨。偶尔，世界污浊的气息中，会夹杂大自然醉人的、使人心荡神驰的熏风，那就是春天或者是爱情的盲目的力量，它们使娜塔莎走向安德烈公爵，后来又将她投入第一个追求她的男人的怀抱。世俗糟践了多少温情和心灵的纯洁！只有"高高的天空依然俯瞰着充满罪孽的人间"，而人们却看不见。甚至安德烈也忘记了奥斯特利茨的光明。对他来说，天空只不过是"一个灰暗沉重的苍穹"，覆盖着虚无的世界。时候到了，该让战争的风暴把这些贫血的心灵唤醒了。祖国遭到了入侵。鲍罗金诺之线，伟大庄严的日子。人们之间的敌意消失了。道洛霍夫拥抱他的敌人皮埃尔。受了伤的安德烈为他往日最憎恨的人、现在躺在救护车上他身旁的阿纳托里·库拉金流下了同情和怜悯的眼泪。为祖国甘愿牺牲的精神和听从上帝安排的意愿，将所有人的心连结在一起。

库图佐夫元帅代表着俄罗斯人民的意志和他们服从命运安排的决心：

谈到激情，这个老人只有激情的产物——经验，在他身上，能从收集到的事实中得出结论的那种智慧，已经被对事件进行深思熟虑的习惯所取代。他并无创造发明，也绝不轻举妄动，而只是注意细听，考虑一切因素，到适当的机会再加以利用。有利的绝不阻拦，有害的绝不容许。他从将士的脸上寻找难以捉摸的力量，也就是战斗的意志。他承认有些东西比他的意愿更强大，那就是眼前事态无法回避的进程。他观察、跟随这些事态的发展。他懂得将他个人的因素排除在外。

总之，他有一颗俄罗斯人的心。俄罗斯民族冷静悲壮的宿命意识，也体现在可怜的庄稼汉普拉东·卡拉塔耶夫身上。他朴实、虔诚、安分，即使在痛苦和死亡面前也面带着善良的微笑。在经历了种种磨难、家园残破、临终时的痛苦之后，书中的两个主人公皮埃尔和安德烈凭着爱情和信仰，看见了活生生的上帝，终于达到了精神超脱和常人难以理解的欢乐境界。

他并没有到此为止。结尾部分发生在1820年，是从拿破仑时代到十二月党人时代的过渡时期。留给人的是一种承上启下的感觉。他还像开头一样，结尾也安排在一波未平、一波又起的时刻。

我曾经试图理出这部小说大致的脉络，因为难得有人肯去费这番工夫。但是说些什么好呢？这上百的主人公都有巨大的生命力，他们各有个性，表现的手法又实在是千变万化，让人不能一一道明，其中有士兵、农民、王公贵族、俄罗斯人、奥地利人和法国人。这个画廊中的人物肖像，在欧洲文学中还找不到一个与之相类似的。他曾为这些人物勾画过不知多少份素描。他说"他还制订了千百万个计划"，到图书馆搜寻，找出自己的家族档案，以及以前的笔记和个人的回忆。这种细致入微而又扎实的准备工作使他的作品经得起推敲，同时又无损作品的自然天成。他用写作时的激情与欢欣感染着他的读者。《战争与和平》最大的魅力在于作者有一颗年轻的心。托尔斯泰的其他作品没有一部有这么多有关孩子和青少年的描写，他们的每一颗心都是一段音乐，如泉水般明净，像莫扎特的旋律般优美可人。

最迷人的要算娜塔莎。这个娇小憨厚的小姑娘，她任性、乐观、有爱心，我们眼看着她在我们的身边长大，伴着她进入生活，像带着纯洁温柔的感情去爱小妹妹那样爱她。……明媚的春夜，娜塔莎在美丽的月色中靠在窗前。她充满幻想，热情诉说；而与她仅隔一层楼的安德烈公爵则在依窗倾听……第一场舞会的激动、爱情、爱的期待、欲望的萌生和杂乱无章的梦境。大自然以它扰乱人心的温柔开始拥抱你。歌剧院之夜，奇幻的艺术世界，理性的沉醉，心灵的疯狂，洗涤灵魂的痛苦，守护着心爱的垂死者的神圣怜悯……提起这些回忆时的激动，就像谈到最心爱的女友时那样。这样的创作和充斥在几乎所有现代小说和戏剧中的女性典型相比，就衬出后者的弱点了。生活被捉住了，而且那么富有弹性、那么流畅，以至于似乎能看到它的颤动、它的变化。玛丽郡主外貌丑陋、心地善良，同样是个完美的形象。这位腼腆笨拙的姑娘，眼见深藏内心的秘密被揭露了出来，和其他与她类似的女子一样，脸刷地红了。

总体来说，正如我以前所指出的一样，女人的个性比男人高出很多，甚至超过了托尔斯泰注入自身思想的那两个男主人公：优柔寡断的皮埃尔·别祖霍夫，热情然而迂腐的安德烈·博尔孔斯基公爵。他们都是没有主见的人，总是踟蹰不前，在两极之间摇摆，无法前进。人们会说，这正是地道的俄罗斯人。但我发现，有些俄罗斯人也提出过同样的批评。屠格涅夫责怪托尔斯泰这种静止不动的心理。"没有真正的发展。总是犹豫，感情摇摆不定。"托尔斯泰自己也承认有时是牺牲个人的性格，去迁就整个的历史。

的确，《战争与和平》的光荣成就，在于再现了历史上的整整一个时代，民族的迁徙以及各国的战争。书中所描写的真正的英雄是人民，在他们后面，也和荷马史诗中的英雄一样，是指引他们的诸神：看不见的力量，"指挥广大人民的是无限的小"，是"无限"的气息。在这些波澜壮阔的战争之中，潜藏着的命运之神使各国盲目地兵戎相向，而战争本身却具有一种让人意想不到的伟大。

《安娜·卡列尼娜》和《战争与和平》，是他作品成熟时期的顶峰。作品的完美，说明作者对艺术的运用更加得心应手，创作经验也更加丰富，他的内心世界也已经没有了任何秘密。只可惜其中还缺乏青春的火焰和热情的朝气，而这正是《战争与和平》高飞的双翅。托尔斯泰已经不能创造出同样的欢乐。新婚初期那种暂时的平静消失了，精神上的焦虑不安又开始溜进托尔斯泰伯爵夫人在他周围营造的爱情和艺术的迷人氛围。

在《战争与和平》的前几章里，婚后一年，安德烈公爵对皮埃尔说的有关婚姻的心里话，已经暴露了一个人的幻灭情绪，他把自己所爱的女人看成外人、看成一个无心的敌人、看成自己思想发展的障碍。从他 1865 年的信件中可以看到宗教困惑的落潮。他这还只是一些短暂的威胁，生活的幸福完全可以将其冲淡。但在托尔斯泰即将完成《战争与和平》的几个月里，却发生了一个比较严重的事件。

他离开家人几天，去视察自己的一块领地。一天夜里，他已经躺下，时钟刚敲过凌晨两点：

我累极了，感觉很疲劳，但没有觉得身体有什么不舒服。突然间，我感觉到一阵悲伤，感到一种从未有过的恐惧。具体的情况，我以后会告诉你。那可真是让人感到吃惊。我立即跳下床，吩咐仆人套马。仆人套马时，我睡着了。直到他们喊醒我的时候，我的神志才完全恢复。昨天，同样的情况又出现了，不过却没有那么厉害……

托尔斯泰的夫人用爱情苦心经营的幻想宫殿出现了裂缝。《战争与和平》的完成让作家的大脑有了些闲暇，哲学和教育的思考又重新乘虚而入。他打算为普通百姓写一部《启蒙课本》，他埋头苦干了整整四年，这比《战争与和平》更让他得意。1872 年写第一部，1875 年写第二部。后来，他迷恋起希腊文来，从早到晚地不停研读，把其他事都放在一旁。他发现了"美妙的希腊语言"和荷马，不是如科夫斯基和沃斯之辈那种如泣如诉或者油腔滑调，而是"另一个引吭高歌，旁若无人的大魔头"。

不懂希腊文就谈不上有智慧！……我相信，到今天为止，我对所有人类文学中最优美、最朴实的文字可以说是一无所知。

　　这显得很荒唐，他自己也承认。他又一次投身学校的事业，由于过分投入而病倒。1871 年，他只好到萨马拉的巴什基尔家做奶酒治疗。除了希腊文，他对一切都不感兴趣。1872 年，他打了一场官司，之后他郑重地提出要把在俄罗斯的一切都卖掉，去英国定居。他的夫人深感忧虑："如果你把所有心思都用在你的那些希腊人身上，那么你的病肯定好不了。他们给你带来的烦恼，使你对现世生活一点都不感兴趣了。人称希腊文为死文字，这一点儿也没有错：它能使人的心变成一潭死水。"

　　在多次放弃已制定好的计划之后，1873 年 3 月 19 日，伯爵夫人喜出望外地看到，托尔斯泰终于开始动手写《安娜·卡列尼娜》了。可是正当他投入紧张工作的时候，家里出了一连串丧事，他的生活又蒙上了一层阴云；他的妻子也病倒了。"这个家真没有好运可言……"

　　作品里隐约可以看见这些伤感的经历和激情幻灭的印迹。除了列文订婚那几章有部分美妙的描写以外，爱情已经没有《战争与和平》的某些篇章那么富有青春的诗意，而这些篇章却是所有时代最美的抒情诗。相反，爱情在这里具有刺激、肉欲和专横的性质。贯穿整部小说的宿命色彩不再像《战争与和平》那样是一个公正而有杀伤力的神、帝国的命运之神，而是疯狂的爱，"整个维纳斯……"正是她，在那激动人心的上层舞会上，当安娜和弗龙斯基不知不觉产生爱慕的时候，赋予身穿黑丝绒衣衫的美丽无邪而又富有思想的安娜"一种几乎无法抗拒的吸引力"。正是她，当弗龙斯基刚表白完自己的心迹，安娜立刻精神抖擞，"那不是快乐的光芒，而是黑夜中骤然燃起的熊熊火焰"。正是她，在这位充满爱心的年轻母亲的血管里注入了强有力的情欲之津，并长久地驻守在她心里，直至毁灭它为止。接近安娜的人没有人不感觉到这个既诱人又令人心惊胆战的潜伏着的魔鬼。首先是基蒂惊惶地发现了它。当弗龙斯基去看安娜时，心中既高兴，同时又有一种神秘的恐惧感。只要安娜在场，列文便六神无主。连安娜也知道再也没法控制自己。随着故事的发展，难以控制的情欲将这个矜持的女人心中的那座道德大厦一点一点地吞噬掉了。她身上最好的东西，她勇敢而真诚的灵魂也已破裂瓦解：她再也没有力量放弃世俗的虚荣，她的生命除了取悦情人之外似乎再没有任何其他的目的。她提心吊胆、羞愧难当地不让自己怀上孩子。她受着嫉妒和鄙视的煎熬。情欲支配着她，强迫她对现实弄虚作假。她堕落成了只想吸引男人的女人。她用吗啡来麻醉自己，直到有一天，她再也忍受不了痛苦的折磨，感到无颜面对世人，终于含恨将自己的生命送到了车轮之下。"而那个胡子拉碴的小乡下人。"——她和弗龙斯基梦里常常看见的可怕的幻像——"正站在车厢的踏板上，俯视着铁轨"，据带有预言性质的梦境所云，"他弯腰俯向一个口袋，将一些零碎往口袋里塞，这就是她往日的生活，连同她的烦恼、背叛行为和痛苦……"

我保留我报复的权利。

她是一个为爱情耗尽心血的人，这是一个被上帝的清规戒律所压伤的人的悲剧。围绕这个悲剧，他像在《战争与和平》中一样，安排了另外几个人的故事。可惜在这里，各个故事此起彼伏，交替得矫揉造作，完全不能达到《战争与和平》中那样有机的统一。人们也会觉得其中某些真实的画面，如彼得堡的贵族圈子和他们无聊的谈话，有时完全不必要。总之，较之《战争与和平》，在这部作品里托尔斯泰更鲜明地将他的道德人格、哲学思想以及生活的景象交织在一起。但作品依然显得非常丰满。和《战争与和平》一样有各式各样的典型人物，而且每一个都刻画得极其准确生动。托尔斯泰喜欢将斯捷潘·阿尔卡季奇描写成自私而可爱的人，谁见了都会对他亲切的微笑作出回应。还有卡列宁，他是高官的典型，是一个地位显赫而才识浅薄的国家要员，喜欢以嘲讽来掩饰自己的真实情感，此人既庄严又怯懦，既假仁假义又有基督徒的感情，是一个虚伪世界奇特的产物。虽然他聪明，也慷慨大方，但始终难以摆脱这个虚伪的世界。而他也有理由不信任自己的心，因为，只要他处于精神放松状态，最终必坠入深深的迷茫之中。

小说写了安娜的悲剧和1860年俄罗斯社会各个阶层不同的画面，如沙龙、军官俱乐部、舞会、剧院、赛马等，但其主要特点却是其具有明显的自传性质。列文比托尔斯泰笔下的任何人物都更像是托尔斯泰自己。托尔斯泰不仅在他身上寄寓了自己既保守又民主的思想，以及乡村贵族老爷蔑视知识分子反自由主义的观点，而且将整个生命都给了他。列文和基蒂的爱情，他们婚后头几年的生活，完全是他自己家庭回忆的翻版。同样，列文的兄弟之死也是托尔斯泰的兄弟德米特里之死的痛苦再现。如果说《战争与和平》的结尾是计划中的另一部作品的艺术过渡，那么《安娜·卡列尼娜》的结尾便是两年后表现在《忏悔录》中思想变革的自传性过渡。书中常常以嘲讽或激烈的形式批判当时的社会，在后来的作品中，这种攻击一直在继续。他攻击谎言，无论是出于道德还是出于罪恶目的的谎言；他攻击自由主义的空谈、教会假惺惺的慈悲，以及沙龙里的宗教和所谓的博爱！他向上流社会宣战，因为它扭曲一切真实的感情，扼杀心灵高贵的冲动！死亡突然将一线光明投射到社会习俗之上。面对垂死的安娜，骄矜的卡列宁动了恻隐之心。一道爱情之光和基督徒的宽恕之情终于进入了这个毫无生气、矫揉造作的心灵。三个人，丈夫、妻子和情人顿时都发生了变化。一切都变得单纯和坦然。但随着安娜的逐渐复原，三个人都意识到，"面对在内心指引着他们的近乎神圣的道德力量，还有一股粗暴而强大无比的力量不由分说地操纵着他们的生活，使他们不得安宁"。他们已预见到，在这场斗争中他们是软弱无力的。"他们将不得不做社会认为有必要做的坏事。"

假如列文像他所表现的托尔斯泰一样，在书的最后也能自我净化的话，那是因为死亡把他打动了。直到那个时候为止，"他一直不能信仰，也不能完全怀疑"。自从亲眼看见自己的弟弟死去，他便对自己的无知感到恐慌。结婚曾经一度遏制住了他焦虑的心情。然而随着第一个孩子的出生，新的焦虑又出现了。他时而拼命地祈祷，时而又否认一切。即使看哲学著作也无济于事。精神迷乱的时候，他真害怕顶不住自杀的压力。体力劳动使他的这种感觉有所缓解，在劳动里不存在怀疑，一切都是清楚明晰的。列文和农民聊天。其中有一个人谈到有些人"并不是为自己活着而是为上帝而活着"，这对他来说不能不称为是一种启示。他看到了理性与灵魂之间的矛盾。理性教人学会为了生活而去进行残酷的竞争，而爱你周围的人似乎是完全不合理的事情：

理性什么也没有教给我。我所了解的一切都是心灵的恩赐，是心灵的召唤和启示。

从那个时候开始，他的生活逐渐恢复了平静。把心灵作为唯一向导的地位低下的农民的那句话，又把他带回到上帝面前……什么是上帝？他再也不想去探究。这个时候的列文，如同托尔斯泰一样，很长一段时期对教会毕恭毕敬，对教义也逆来顺受。

即便在宇宙的幻象和星球的表面运行中，也存在着真理。

列文的这些忧虑和他向基蒂隐瞒的自杀意图，也是托尔斯泰在同一时期向妻子所隐瞒的，但他还未达到列文的那种镇静。说真的，这种镇静没有什么感召力。人们觉得那只是意图而不是事实，所以列文不久又陷入了怀疑之中。托尔斯泰很清楚这一点。他好不容易才把作品写完。在完成以前，《安娜·卡列尼娜》让他烦透了。他写不下去，待在那里不能动弹，没有任何意愿，对自己感到既厌恶又害怕。于是，在生命的这种真空中，忽然从谷底刮来了一阵大风，他感到了死亡的晕眩。尔后在逃离这个深谷之后，他讲述了那几年可怕的岁月。

"那时我不到五十岁，"他说道，"我爱人，也被人爱。我有听话的孩子，有一大片领地，还有荣誉、健康，我能像农民一样割草，一连干十个小时的活也不会感觉到累。忽然间，我的生活停顿了。我能够呼吸、吃东西、喝水、睡觉，但这在我看来并不是生活。我再也没有了欲望。我感觉到我什么都不想要，甚至也不想认识真理。所谓真理只不过是——人生就是胡闹。我已经到达深渊的边沿，清楚地看见前面除了死亡，再一无所有。我是个健康而幸福的人，但我却感到再也活不下去了。一种无形的力量拉着我，企图要我摆脱生命……我没有说我想自杀，但我无法拒绝那要将我推出生命大门外的那股力量。也许这是一种憧憬，和过去对生活的憧憬类似，只不过相反罢了。我不得不对自己施点诡计，以便不至于过快地做出让步。于是，我这个幸福的人，开始将绳子藏起来不让自己找到，以防自己在每夜脱衣独寝的房间里，在衣柜之间悬梁自尽。我再也不带枪去打猎了，担心经受不起诱惑。我觉得，我的生活是一出愚蠢的闹剧，别人在耍我。四十年工作，辛辛苦苦，也有进步，可到头来看见的却是一无所有。将来我留下的只不过是个臭皮囊和一堆蛆虫而已……人只有全身心地投入生活才能找到真正的生活，但一旦清醒了就会发现，一切都不过是一场彻头彻尾的骗局，愚蠢的骗局……家庭和艺术已经不再能使我感到满足。家庭是一群像我一样的可怜虫，艺术是人生的一面镜子。当人生已没有意义时，镜子的游戏也就没有什么趣味了。然而最糟糕的是，我不甘心。我像一个在森林中迷了路的猎人，因为迷路而惊恐万分，虽然明知越跑越找不着路，却仍然不停地四处乱闯……"

出路来自于广大民众。

托尔斯泰对民众一直怀有"异样的亲情"，尽管对社会的幻想屡遭破灭，这一点始终也没有动摇。到了晚年，他和列文一样更接近人民了。他开始想到他那个狭小圈子之外的亿万生灵。这小圈子里的学者、富豪和有闲者，或自杀，或醉生梦死，或者像他一样，绝望却苟且偷生。他心里纳闷儿，为什么那亿万生灵能够避开绝望的命运，为什么他们不去自杀。他发现，他们活着靠的不是理性，而且也根本不去考虑什么理性，他们靠的是信仰。这些不知理性为何的人的信仰究竟是什么呢？

信仰是生命的全部力量。一个人失去信仰就不能生活。宗教早在远古时期人类的思想里便诞生了。信仰对生命之谜的回答包含着人类最深刻的智慧。

那么，是否知道了宗教经书里所记录的那些智慧的箴言就足够了呢？这是远远不够的。信仰并不是一门学问，信仰是一种行动。只有付诸实践它才会有意义。当看见一些富人和思想正统者把信仰当做"生活中一种令人舒适的告慰"，托尔斯泰感到十分恶心，这使他决心投身普通人群之中，他认为只有这些人的生活才和其信仰一致。

于是他渐渐明白了，劳动人民的人生就是生活本身，而赋予这种生活以意义的就是真理。

可是，究竟怎样才能成为人民中的一员，并分享他们的信仰呢？只知道别人有理是没用的，要像他们一样，并不取决于我们自己。我们徒然向上帝祈祷；徒然把祈求的双臂伸向上空。上帝避开了。在哪里才能逮住他呢？

一天，上帝的恩宠终于来了。

早春的一天，我独自在森林里，谛听着各种声音。我想到近三年来的困惑，对上帝的追寻，想到自己总是从欢乐突然变成绝望……忽然间，我发现自己只在信仰上帝时才活着。一想到上帝，心中便涌起生之欢乐的波涛。周围的一切都生动起来，一切都有了意义。而一旦我不再相信上帝，生命便会戛然而止。"那么，我还找什么？"我内心一个声音大叫道，"就是他，这个没有便不能生活的他！认识上帝和生活是一回事。上帝就是生活……"从那以后，这种光明的启示便再也没离开过我。

他得救了。上帝已经向他显灵。

但是，他不是满足于出神入定的印度修行者，他内心既有亚洲人的幻梦，也有西方人对理性的酷爱和对行动的需要，他必须将他获得的启示化为切实奉行的信仰，并从神明的生活中觅得日常生活的守则。他毫无成见，真诚地愿意相信家人的信仰，于是开始研究他信奉的罗马东正教的教义。为了更好地体察教义，三年之中，他参加所有的宗教仪式和忏悔，领圣体，遇上看不惯的事绝不妄加评断，遇上晦涩不明、难以理解的事便找些理由给自己解释，对一切他所爱的人，无论是活着的还是已经去世的，他都认同他们的信仰，总希望到了某个时候，"爱会给他打开真理的大门"。但这一切毫无用处，他的理智和心灵相互抗争，洗礼和领圣体之类让他觉得无聊透顶。别人强迫他一再重复圣体是基督真正的血和肉时，"他心里像挨了一刀"。然而在他和教会之间垒起一堵难以逾越的高墙的并非教义，而是一些实际问题，特别是其中的两个问题：一是各教会之间的仇恨和水火不容；二是赞同杀人——不论是正式或是默许——也就是说，赞成战争和死刑。

于是，托尔斯泰不干了。思想受了足足三年的压制，一旦决裂更显得其势汹汹。他再也不留情面，怒气冲冲地将昨天还坚持信奉的宗教踩在脚下。在《教义神学批判》里，他说神学不仅是一派胡言，而且是有意识有目的的谎言。在他的《四福音书的统一性与演绎》中，还将神学与《福音书》对立起来。总之，他的信仰是建筑在《福音书》的基础上的。

这一信仰可以归纳为下面这两句话：

我相信基督教的学说。我相信只有当所有的人都获得了幸福，这个世界才能幸福。

这信仰的基石是基督的山上宝训，托尔斯泰将其主要的教导归纳为五戒：

一、戒生气。

二、戒通奸。

三、戒起誓。

四、戒以怨报怨。

五、戒与人为敌。

这是基督学说的消极部分，而积极部分则只有一条：

爱上帝和你的邻人就像爱你自己一样。

基督说过，谁违反这些戒律中即使最轻的一条，他在天国中的地位就将是最低的。

托尔斯泰又天真地加了一句：

说来也奇怪，我在十八个世纪之后才像发现新鲜事物那样发现了这些清规戒律。

那么托尔斯泰真的相信基督是神吗？——才不是呢！他把基督当什么来供奉呢？当做圣贤中最伟大的一位——婆罗门、释迦牟尼、老子、孔子、琐罗亚德斯、以赛亚——他们都给人类指出了他们所向往的真福和该走的道路。托尔斯泰是这些伟大的宗教创立者、这些印度、中国和希伯来的半人半神人物及先知们的信徒。他维护他们，且懂得以进攻的手法去维护，他攻击他所谓的"法利赛人"和"律法家"，攻击已建立的各个教派，攻击傲慢的科学或伪"科学的哲学"的代表。他并不求助于神的启示来对抗理性。自从摆脱《忏悔录》中述及的困惑时期以后，他便基本上成了理性的信徒，也可说是理性的一位法师了。他重复圣约翰的说法：

最初是圣言，圣言就是逻各斯，也就是所谓的理性。

他的《生命论》一书结尾部分引述了帕斯卡尔的名言：

人不过是大自然中一根最脆弱的芦苇，但却是一根会思考的芦苇……我们的尊严全在于思想……让我们努力去思考吧：这就是道德的本原。

全书不过是一首对理性的颂歌。

看来，他所说的理性并非科学的理性、有限的理性，"将部分变做整体，将动物性生活当做生活整体"的理性，而是主宰人类生活的至高无上的法则，"有理性的生灵，也就是人类在生活中必须遵循的法则"。

这一法则类似那些决定动物的营养与繁殖、花草树木的生长与开花、地球和星球运动的法则，只有奉行这一法则，使我们的动物性从属于理性法则以获得善，我们的生命才能存在……很难给理性下定义，而且我们也不必给它下定义，因为我们不仅都知道它，而且只知道它……人类知道的一切都是靠理性而不是靠信仰知道的。真正的生活只是在理性出现时才开始的。唯一真正的生活是理性的生活。那么我们看到的生命，我们个体的生命又是什么呢？

"它不是我们的生命！"托尔斯泰说道，"因为它不是依赖于我们而存在的。

"动物人的活动是在自我之外进行的。……人类已经不再将生命看做是个体的存在。对我们时代所有非理性的人来说，个人善行的不可能实现，已经成为颠扑不破的真理。"

这里面有一大串假设，就不必在此逐一讨论了，不过，这表明了托尔斯泰是以怎样的激情而为理性着迷。实际上，理性也是一种激情，和主宰他前半生的那些激情一样充满着盲目和妒忌。一堆火灭了，另一堆又燃了起来。换种说法，火还是同样的火，不过换了燃烧的材料而已。

"个人的"欲望和这种"理性的"激情更加相似的一点是，二者都不满足于爱，而且要行动，要使之成为现实。基督说过：

"不应空谈，而应行动。"

那么理性的行动是什么？是爱。

爱是人类唯一理性的行动，爱是最合理、最光辉的灵魂闪光。它所需要的，是没有任何东西挡住理性的阳光，只有理性的阳光能使爱成长……爱是真正的善、至高无上的至善，能解决生活中的一切矛盾，不仅能驱除对死亡的恐惧，而且能促使人为他人做出牺牲，因为除了为所爱的人献出生命之外，无所谓爱，只有牺牲自己，爱才配被称为爱。因此，只有当人类明白，要获得个人幸福是不可能的时候，真正的爱才能实现。这时，他生命中的一切精髓便一起来将养分供应给真爱这株嫁接过来的高贵幼芽，而为了生长，这株幼芽会从动物人这棵粗犷的树干上吸取活力……

就这样，托尔斯泰达到信仰的方式，并不像一条水流枯竭的河流最终消失在沙土里，他带到信仰里去的是在强有力的生命中积聚起来的一股汹涌的激流。这一点我们马上便可以看到。这种热烈的信仰，将理性和爱紧紧地结合在一起，从他写给将他逐出教门的神圣宗教会的著名复信中，可以看到其完满的表白：

我信仰上帝，对我来说，上帝就是灵性、就是爱，是一切事物的本原。我相信上帝在我心中，如同我在上帝心中一样。我相信，上帝的意志从来没

像在基督作为人时所提出的学说中表达得那么清楚。可是，如果将基督看做
是上帝而向他祈祷，那就犯了最大的渎圣罪了。我认为，人类的真福在于执
行上帝的意愿，我认为上帝的意愿就是任何人都爱其同类，其行动也永远是
我为人人，人人为我。福音书说这就是一切法则和一切预言的概括。我相信，
对我们每一个人来说，生命的意义只在于增加爱心。我相信，发展我们爱的
力量，在今生，能够日渐幸福，到了另一个世界，则能获得更完美的幸福。
我相信，这种爱的增长比任何其他力量更有助于在这个地球上建立上帝的王
国，也就是说，以一种和谐、诚实和博爱的新秩序，取代那种分裂、欺骗和
残暴大行其道的生活组织。我相信，我们要在爱的领域里获得进步只有一种
办法：祈祷。并不是基督所反对的在教堂里做的公开祈祷，而是那种他给我
们"做出过榜样的祈祷"，单独的祈祷。这种祈祷能坚定我们内心对生命意义
的感受，以及我们只听命于上帝意志的感情……我相信生命永恒，我相信普
天之下，现在和将来永远是善有善报。我对这一切坚信不移，所以到了我这
行将就木的年纪，我得经常做出努力，以阻止自己盼望肉体的消亡，也就是
说，我的新生……

他以为已经到达港口，来到他不安的心能够稍事休息的避难所。其实不
过是一种新活动的开始。

他在莫斯科过了一个冬天（对家庭的责任使他不得不随家人去到那里）。
1882年1月参加了人口普查工作，使他有机会目睹了大城市穷困的一面，所
得的印象实在触目惊心。他第一次接触到文明中隐藏的伤疤。当天晚上，他
把白天的所见告诉一位朋友，"他大声喊叫，哭泣，挥舞拳头"。

"这样生活怎么行！"他哽咽着说道，"这不可能！这不可能！"一连数月，
他都处于可怕的绝望之中。1882年3月3日，托尔斯泰伯爵夫人写信给他：

不久前你说过："因为没有信仰，我曾想上吊。"现在你有了信仰，为什
么仍然苦恼呢？

因为他没有伪善者的信仰，那种自得自满的信仰；因为他没有神修者的
自私，只顾自己灵魂得救而不管他人；因为他心中有爱，现在他再也忘不了
曾亲眼目睹过的穷人，在他热情善良的心里，总觉得自己对他们的悲苦与堕
落负有责任：这些人是文明的牺牲品，文明仿佛是个魔鬼般的偶像，牺牲了
千万人以造就一个特殊等级，而他却拥有这个等级的特权。接受这种以罪恶
换来的利益，无异于参与了罪行。若不揭发这些罪恶，他的良心便再也得不
到安宁。

《我们该怎么办？》（1884—1886），这是他第二次精神动荡时的表白，比

第一次更带悲剧性，后果也严重得多。比起这人类的苦海，真正的、并非一个闲得发慌的人臆造出来的苦海，托尔斯泰个人的宗教苦闷又算得了什么？看不见这种苦难是不可能的。看见了以后不想办法付出任何代价去消除它也是不可能的。唉！这个谁办得到呢？……

一幅生动逼真，不能不令我感动的照片足以说明当时的托尔斯泰心里很痛苦。他正面坐着，两臂交叉，穿着农民的服装，神情沮丧。头发还黑，唇髭却已花白，胡子和两鬓则全白了。两条皱纹在宽宽的脑门上划出和谐的线条。巨大的犬鼻，坦率、明亮而忧郁的眼睛显得多么善良！这双眼睛能看透你的心！仿佛在怜悯你、恳求你。他眼眶下有宽宽的皱褶，两颊凹陷，留着痛苦的痕迹，他曾经哭过，但很坚强，正准备战斗。

他有英雄般的逻辑。

我常常听见下面这几句话，总觉得很奇怪。这些话是：

"不错，理论上这很好，但实际又会怎样呢？"仿佛理论是谈话中必须说的漂亮词句，而实践并不需与之统一！……当我考虑过并明白了一件事，我就只能按我明白了的道理去做。

他开始以照相般精确的方式，将他参观贫民窟或夜间收容所时亲眼所见的莫斯科贫困景象一一描绘出来。他确信，不能像他最初想象的那样，用钱去救助那些多少都被城市的腐败所害的苦人。于是，他勇敢地去探寻祸害的根源。沿着可怕的链条一个环节一个环节去找该对此负责的人。首先是有钱人，他们该死的穷奢极欲，像传染病一样吸引人，使人堕落，此即具有普遍诱惑性的不劳而获的生活。其次是国家这个由强人为一己私利去剥削、奴役他人而建立的残暴的实体。教会是其同谋，科学艺术是其帮凶……这为非作歹的各路大军该如何对付呢？首先，不要同流合污，拒绝参与剥削人的行动。放弃钱财和田产，不为国家服务。但这还不够，必须"不说假话"，不害怕真理。应该"幡然改过"，将由教育带来的骄傲连根拔除。最后必须用双手去劳动。"你要靠额上的汗水去挣你的口粮"，这是第一也是最基本的法则。托尔斯泰提前回答精英分子的嘲笑，体力劳动并不妨碍智力，反而能增进智力，这是符合自然的正常要求，只会有助于健康，艺术就更不在话下了。而且，体力劳动还能使人类重新团结起来。

在后来的作品中，他又将这些保持精神健康的训诫加以补充。他殚精竭虑于治疗心灵，使之恢复活力；同时排除罪恶的寻欢作乐，因为它能麻醉人的良知；更要摒弃残酷的寻乐，因为它能灭绝人性。他身体力行。1884年，他牺牲了自己最根深蒂固的嗜好：打猎。他节制饮食以锻炼意志，像一个竞技者般给自己订下严格的规则，以便战而能胜。

《我们该怎么办?》标志着托尔斯泰离开宗教冥想的相对宁静，准备进入纷纷扰扰的社会的第一段艰苦历程。从此便开始了二十年的战斗。这位亚斯纳亚·波利亚纳村的老先知以《福音书》的名义，置身于一切政党之外，并谴责这些政党，孤军奋战，和文明的罪恶及谎言抗争。

托尔斯泰的道德革命在他周围并没有得到多少响应和同情，反而还伤了家人的心。长期以来，托尔斯泰伯爵夫人十分忧虑地观察到他这种病态越来越严重以至于无法阻止。从1874年起，她眼看丈夫浪费那么多的心力和时间去办学，感到十分恼火。

这识字课本、教学书、语法书，我一点儿也看不上眼，没法装做对它们感兴趣。

教育过后轮到宗教时，情况又不同了。伯爵夫人觉得皈依宗教的托尔斯泰所说的那一套十分可厌，以致他再提到上帝时，不得不做些解释：

当我提到上帝时，请你别生气。你老生气。我不能回避不谈，因为上帝是我思想的基础。

也许伯爵夫人被打动了。她努力掩盖不耐烦的情绪，忧心忡忡地观察她的丈夫。

他的眼睛很奇怪，一动也不动。他几乎不说话，仿佛不是这个世界上的人似的。

她想托尔斯泰一定是病了。

列夫说，他一直在工作。唉！他在写一些宗教方面的思辨文章。又是看书，又是思考，直到头疼为止，而这样做是为了证明教会与福音书的教义并不一致。在俄罗斯，顶多只有十来个人对这个感兴趣。但毫无办法。我只希望一件事，就是这一切尽快结束，像一场病那样过去算了。

病并没有过去。夫妻之间越来越不好相处了。他们感情好，彼此非常尊重，但却不能相互理解。他们努力想彼此做些让步，但是像通常那样，让步成了对双方的伤害和折磨。托尔斯泰不得不随家人到了莫斯科。他在日记中这样写道：

我一生中最难熬的一个月，移居莫斯科。大家都安顿好了。那么他们什么时候开始生活呢？这一切并非为了生活，而是因为别人都这样做！可怜的人们！……

同一期间，伯爵夫人写道：

莫斯科。到了明天，我们来此就足足一个月了。头两个星期，我每天都哭，因为列夫不仅闷闷不乐，而且非常沮丧。他睡也睡不着，吃也吃不下，有时甚至掉眼泪。我想，我真要疯了。

他们只好彼此离开一个时期。两人都因使对方痛苦而相互致歉。他们的感情总是那么好！……托尔斯泰给她写信说：

你说："我爱你，而你却不需要。"不，这是我唯一的需要……你的爱比世界上的一切都叫我高兴。

可是，两人只要在一起，龃龉就愈演愈烈，伯爵夫人不能接受这种宗教癖，而且，托尔斯泰还进一步跟一个犹太教教士学起了希伯来文。

他对别的什么都不再感兴趣，却将精力耗费在这些蠢事上。我的不满情绪再也掩盖不住了。

伯爵夫人给他写信道：

将这样的智力耗费在劈柴、侍弄茶炊和缝靴子上，我只感到可悲。

接着，她像一个看见自己的孩子玩疯了的母亲一样，亲切而略带嘲讽地微笑着说："算了，想起这句俄罗斯成语，我也就平静了：'孩子只要不哭，玩什么都行。'"

信还未发出，她脑子里便浮现出她丈夫看到这几行时，憨厚善良的眼睛被嘲笑的语气弄得很不舒畅的神情，于是又把信打开，感情冲动地写道：

忽然间，你的身影又清楚地出现在我的眼前，我感到自己是多么的爱你！你是那么乖，那么善良，那么天真，那么执著，这一切，都被你那颗同情博爱之心照亮着，还有那一直看到人心窝里的目光……这都是你所独具的。

就这样，两个人既相爱又互相折磨，接着又为自己情不自禁造成的伤害感到痛苦。这无法改变的局面延续了近三十年，直到最后，垂死的老李尔王在昏乱中出走茫茫大草原，事情才算结束。

大家还应该注意到《我们该怎么办?》结尾部分向女性发出的感人召唤。——托尔斯泰对现代女权主义并无好感。但对他所谓的"为人母者"，对懂得生命真谛的女性，言语间都充满崇敬，极力赞扬她们的痛苦和快乐，赞颂她们怀孕产子、养雏育幼、终年不息、受尽煎熬，默默无闻地工作、劳累而不计报酬，而一旦厥尽天职、脱离苦海之后，心灵上又感到如此快慰。他刻画妻子勇敢的形象，她是丈夫的贤内助而非绊脚石。她知道，"只有不计报酬，为他人的生命默默做出牺牲才是人类的使命"。

一个这样的女人不仅不会怂恿丈夫去干欺世盗名的勾当，不会让他享受别人的劳动成果，而且对这种会把她的孩子引入歧途的行为深恶痛绝。她会要求她的男人自食其力，不怕危险地工作……她知道，孩子们，也就是未来的一代，是人类所看到的最健康的一代，而她生命的目的就是全身心地去完成这一神圣的使命。她在丈夫和孩子们身上开发牺牲精神……正是这样的女人统领着男人，成为指引他们的明亮星星……啊，既是妻子又是母亲的女人啊！世界的命运就掌握在你的手里！

这是一个正在祈求和仍然满怀希望的人发出的呼吁……难道没有人听见吗？……

几年后，最后的一线希望之光熄灭了：

也许你不相信，你想象不出我是多么孤立，真正的我被周围的人蔑视到什么程度。

几年后，屠格涅夫垂死的时候，给托尔斯泰写了那封著名的信。他在信里恳求"我的朋友，俄罗斯土地上的伟大作家""回到文学中来"。

所有欧洲的艺术家都对屠格涅夫临终时所怀的忧虑、所提出的恳求抱有同感。德·沃居埃 1886 年完成对托尔斯泰的研究时，凭着托尔斯泰穿着农民的装束正在锥鞋的一幅肖像，雄辩地提醒他道：

制造杰作的大师，您的工具不是这个！……我们的工具是笔，我们的田地是人类的灵魂，灵魂也是需要庇护和抚育的。请允许我提醒您，当一个俄罗斯农民、莫斯科第一位印刷工人被强迫回去扶犁种地的时候，他曾经这样高喊："我的工作不是播种小麦，而是在世界上播种精神的种子。"

托尔斯泰好像不愿意当思想食粮的撒播人一样！……在《我的信仰是什么？》一书的结尾，他这样写道：

在我看来，我的生命、我的良知，以及我的智慧，都是上苍所赐，上苍赐予我这些完全是为了开导世人。在我看来，真理是上天为实现这个目的而赐予我的才能，这种才能是火，但只有燃烧起来时才是火。在我看来，我生命的唯一意义就是生活在我内心的这盏明灯之中，并把它在人类面前高高举起。

然而这盏明灯，这把"只有在燃烧时才是火"的火种，使许多艺术家都深感不安。其中最聪明的并非没预见到他们的艺术很可能会首先被焚毁。他们假装相信整个艺术都受到了挑战，相信托尔斯泰会像普罗斯彼罗一样永远折断他那根具有创造力的神奇的魔棒。

可是，事实并不是这样。我一定要证明，托尔斯泰并没有将艺术毁灭，而是把艺术本身所蕴涵的静止的力量激发了出来，他的宗教信仰不但没有扼杀他的艺术天才，反而使这种艺术天才获得了更新。

品读与赏析

托尔斯泰的思想是始终在发展变化着的。他用自己的思想去驾驭他的鸿篇巨制《战争与和平》中众多人物的思想行为，他一方面看到战争的残酷，但另一方面又目睹了战争洗礼一切的作用，他的思想在矛盾中发展。托尔斯泰身上寄寓了既保守又民主的思想，以及乡村贵族老爷蔑视知识分子反自由主义的观点。他认为腐朽、享乐是罪恶的，身体力行去杜绝享受，去对民众进行个体的教育。但是他的行为却得不到世人的理解，甚至家人也同他产生了隔阂，同行也劝他回归正路。

学习与借鉴

1. 精巧的肖像描写：比如，文中关于一张托尔斯泰的照片的描写，就注重了他的肖像描写，通过描绘他的皱纹、眼睛、须发、两颊，刻画出了当时托尔斯泰痛苦而坚强的形象。

2. 过渡结构：本节中，用简短的语句或语段作为承上启下的过渡，使行文看起来很紧凑。

3. 象征的手法：象征手法的运用使文章寓意深刻，丰富人们的联想，耐人寻味。比如，本节中对于安娜·卡列尼娜卧轨自杀时关于可怕的幻像的描述，就给读者留下了很大的想象空间。

对艺术和科学的批判以及继承

让人难以理解的是，每当人们谈到托尔斯泰对科学和艺术的想法时，一般总忽略了表达这些思想最充分的那本书：《我们该怎么办？》。在这本书里，托尔斯泰第一次向科学与艺术发起攻击，此后的战斗在激烈程度上无一能与之相比。我奇怪法国最近对科学和知识阶层的虚荣心发动的攻击中，竟无人想起这本书中的有关章节。那才是一份最猛烈的控诉书，矛头直指"科学殿堂里的宦官"和"艺术领域的强盗"，以及思想界的上层——他们在摧毁或降服过去的统治阶层，如教会、国家和军队之后，自己取而代之，既不愿也不能为人类做些许有益的事，却妄想别人崇拜他们、盲目为他们效劳，将为科学而科学、为艺术而艺术这种无耻的信仰作为教条昭告天下。其实那不过是骗人的假面具，借以肯定自己，是他们丑恶的自私自利和空虚的工具。

托尔斯泰又说："不要说我否定艺术和科学，我不仅不否定，反而想以艺术和科学的名义赶跑那些出卖神庙的人。"

科学和艺术之必需犹如面包和水，甚至超过面包和水……真正的科学是对使命的认识，因此也就是对人类真福的认识。真正的艺术是关于认识使命的表白，是认识人类真福的表白。

他赞颂这样的人，"自有人类以来，他们或用竖琴和古琴，或通过形象和语言，表现人类对欺罔的斗争、在斗争中经受的苦难、对善战胜恶的希望、对恶取得胜利的失望，以及憧憬未来的热情"。

于是，他描绘出一位真正艺术家的形象，字里行间充满痛苦而神秘的炽热激情。

科学和艺术活动只有在不窃取任何权利而只知有义务的时候才能取得成果。这种活动的实质是奉献，因而才得到人类的赞誉。以智力劳动为他人服务的人注定要为完成这项使命而受苦，因为唯有在痛苦和折磨中才能产生精神境界。奉献和受苦就是思想家和艺术家的命运，这种命运的目的就是人类的福利。人是不幸的，他们受苦，他们死亡；根本没有时间去游逛和寻乐。思想家或艺术家并不像我们惯常认为的那样，坐在奥林匹斯山的高处，而总是处在困惑和激动之中。他们必须决定并说出能为人类谋福利和解除痛苦的话。如果他今天不做出这样的决定，不说出这样的话，明天可能就来不及了……他们并不是在造就艺术家和科学家的机构中培养出来的人（说真的，这些机构只能制造出一些科学和艺术的破坏者），也不是获得一纸文凭享受俸禄之辈。而是想要不思索、不吐露心声而做不到的人，因为他们受到两种无法战胜的力量所驱使，即内心的需要和对人类的爱。世界上不存在心宽体胖、养尊处优、志得意满的艺术家。

这光彩夺目的一页在托尔斯泰的天才上投下了一线悲剧的光芒，正是托尔斯泰在目睹了莫斯科的贫困，内心痛苦时才写出来的。他相信科学和艺术是造成当今社会伪善和不公平的帮凶，他终其一生都没改变这个看法。但第一次与贫困接触的印象逐渐淡化，伤口也不那么流血了。所以后来的作品中，再也没有看到像这本书那样充满痛苦和渴望报复的愤怒情绪，再也听不到一个用鲜血来写作的艺术家对自己主张的崇高表白，对"思想家所必须付出的"牺牲和痛苦的赞颂，以及对歌德式的艺术至上主义的鄙视。在后来的作品中，他对艺术的批评多是从文学的角度，也显得不那么虚玄了。他把艺术与人类的悲惨处境分开来说。因为每当想起人类的疾苦，他便陷于精神狂乱，比如一天晚上，他访问了一个夜间收容所，回到家里，便伤心绝望地又是哭，又是喊。

如果一个人不喜欢他笔下的人物，哪怕是最不起眼的人物，就应该痛骂他们，骂到连上天也为之脸红，嘲笑他们，直到笑破肚皮。

在有关艺术的文章里，他果然实践自己的主张。涉及他要否定的内容，其斥责和挖苦总是写得尖酸刻薄，以致艺术家们只注意到这一部分。托尔斯泰过分猛烈地抨击他们的迷信与敏感，致使他们将托尔斯泰视为他们、乃至一切艺术的敌人。但托尔斯泰从来都是既批评又建设，从不为破坏而破坏，而是为立而破。他谦虚，从不奢望建立什么新的东西。他只是捍卫艺术，欲使艺术永存，不让那些冒牌的艺术家去利用和玷污艺术。1887年，即在他那部著名的《艺术批评》发表前十多年，他曾经写信对我说：

真正的科学和真正的艺术始终存在，并将永存。要否定它们是不可能的，也是不必争论的。今日一切弊病皆因那些所谓的文明人，加上他们身边那帮学者和艺术家，构成了一个僧侣般的特权阶层的原因。这个阶层具有一切阶层都有的通病。它按照自己的需要去破坏和降低社会准则。我们这个世界所谓的科学和艺术不过是一个弥天大谎，一种大迷信。自我们从教会的古老迷信中解脱出来，通常便会坠入其中。想认清我们应走的道路，就必须从头开始——拿掉为我们保暖、却遮挡了我们视线的风帽——诱惑是巨大的，我们不是生来如此，就是沿着梯子一级一级爬上去，爬到享有特权的文明神甫——用德国人的话说就是文化神甫当中。要质疑保证我们拥有特权的那些原则，必须像对待婆罗门教或天主教神甫那样，具有极大的诚意和对真理的热爱。但是，一个严肃的、给自己提出人生问题的人是不能犹豫的。为了开始看清楚，必须从他所处的迷信状态解放出来，尽管迷信于他有利。让自己处于孩童状态或者笛卡儿的理性中……

特权阶级所谓的这种现代艺术的迷信，这一"弥天大谎"，托尔斯泰在《什么是艺术?》一书中已有所揭露。他以咄咄逼人的口气指出了它的可笑、空泛、虚伪以及腐朽堕落之处，并将其全盘否定，彻底摧毁，像小孩子砸碎玩具时那么兴致勃勃。这些批评往往很诙谐，但也有欠公允，如同打仗一样；托尔斯泰使用各种武器四面出击，根本不看对手是谁。像在一切战争中都会发生的那样，往往伤害了他本应保护的人，如易卜生或贝多芬。这方面应归咎于他冲动的性格，行动之前缺乏深思熟虑，他的激情往往使他看不到自己理亏的一面，还应当说，是因为他的艺术修养有不足之处。

他除了阅读文学作品以外，对当代艺术又有什么认识呢? 这个乡绅一生中有三分之一的时间在莫斯科近郊的乡村度过，从1860年起再也没有去过欧洲，他能看到过几幅绘画，听到过几首欧洲音乐呢? 还有，他只对学校感兴趣，此外，他曾见识过什么呢? 关于绘画，他只不过是人云亦云，胡乱地将皮维斯、马奈、莫奈、勃克林、斯狄克、克林格都归入颓废派，而信心十足地欣赏于勒·布勒东和莱尔米特，只因这些人有善良的感情，倒对米开朗基罗嗤之以鼻，在描写心灵的画家中，连提都不提伦勃朗。对于音乐，他的感觉要好一些，但理解不深，仅凭幼年时的印象，只知道几位到1840年前后成为古典派的音乐家，往下的就不知道了。柴可夫斯基是例外，他的音乐才能使他感动得流泪。他对勃拉姆斯和理查·施特劳斯同样不屑一顾，还对贝多芬指手画脚。在评价瓦格纳时，他只看了《西格弗里德》的一次演出便自以为有了足够的了解，其实演出开始以后他才到场，第二幕看了一半就走了。至于文学，不用说，他了解得多一些。但是不知怎样阴差阳错，他竟不去评论自己熟悉的俄罗斯作家，反而去对外国诗人评头论足，其实这些诗人的思想与他相距甚远，他们的作品，他也只是高傲而漫不经心地翻了几页!

他的这种武断随着年龄而不断地增长着。他甚至写了一本书证明莎士比亚"并非一个艺术家"。

他可能什么都是，但他不是一个艺术家。

诸位请看，他多么肯定。托尔斯泰毫不怀疑，他不允许讨论。他掌握着真理。他会对你们说：

第九交响乐是一个使人们分离的作品。

或者这样说：

除了巴哈那支著名的小提琴曲、肖邦的 E 调小夜曲和海顿、莫扎特、舒伯特、贝多芬和肖邦等人作品中精选出来的十几段，还不是全部……其余的都是分裂人的艺术，理应受到排斥和鄙视。

或：

我会证明，莎士比亚连四流作家都算不上。在描写人的性格方面，他完全无能为力。

即使世界上其他人都不同意他的意见，也无法阻止他：恰恰相反。他骄傲地写道：

我的看法与全欧洲对莎士比亚的一致看法截然不同。

他总会认为别人是在说谎话，谎言无所不在。对大家越是看法一致的东西他就越要反对。他充满了怀疑，他不相信一切。如谈到莎士比亚的声誉时，他说："那不过是人类常有的传染病般的影响，如同中世纪的十字军，对巫术的信仰，寻找点金石，对郁金香的喜爱等等。人类只有摆脱这些影响才能看清这是一种疯狂。随着报刊业的发展，此等传染病更形猖獗。"他还举出了这种传染病最近的一个典型例子——德雷福斯事件。他一向反对世间的不平，保卫所有受压迫的人，对这件事倒抱着轻蔑的淡漠态度。这个突出的例子，说明他怀疑别人撒谎和对"思想传染病"本能的厌恶已达到何等极端的地步。他明知不对却又无法克服。人类道德的背面，难以想象的盲目性，竟引导这位灵魂的洞观者、热情的召唤者，将《李尔王》称做"荒谬的作品"，将高傲的考狄利娅视为"没有任何性格的女人"。

然而，对莎士比亚某些真正的缺点，他还是看得很清楚的，而我们却不敢坦率地承认。如所有人物都说一种矫揉造作的诗的语言，无论谈爱情、表现英雄主义，乃至很简单的事情，都要咬文嚼字。我完全理解，托尔斯泰是作家中文学气质最少的，对文艺界最有天才者的艺术，自然缺乏好感。可是又何必浪费时间去谈论自己不懂的事呢？对一个你尚未进入的世界妄加评论有什么价值呢？

如果我们单从这些批判中去寻找了解外国文学的钥匙，那是毫无意义的。然而如果从中探索托尔斯泰的艺术奥秘，则里面的价值是非常可观的。当瓦格纳或托尔斯泰谈论贝多芬或莎士比亚时，他们谈的并非贝多芬或莎士比亚，而是他们自己：他们在阐述自己的理想。他们甚至不打算欺骗我们。在评价莎士比亚时，托尔斯泰并不企图"客观"，甚至责怪莎士比亚的艺术太客观。这位《战争与和平》的作者对那些德国批评家倒是手下留情，仅指责他们在歌德之后"发现了莎士比亚"和"艺术应该是客观的理论，也就是说，应该再现事实而不去理会任何道德价值——这是对艺术的宗教目的肆意否定"。

因此，托尔斯泰是从一种信仰的高度发表他在艺术方面的评论。诸位别认为他评论中有什么个人的打算。他并不将自己看成楷模。他对自己的作品和其他人的作品一样毫不留情。那么，他追求的是什么？他提出的宗教理想对艺术又有什么实际的价值呢？

这个理想辉煌灿烂。"宗教艺术"一词在其含义的广度上会使人产生误会。托尔斯泰其实没有缩小艺术的领域而是将其扩大了。他说，艺术无所不在。

艺术渗透我们全部的生活。我们称之为艺术的东西，像戏剧、音乐会、书本、展览等不过是艺术十分微小的一部分。我们的生活充满各种各样的艺术表现，从孩子们的游戏一直到宗教仪式。艺术和言语是人类进步的两个有机体。一个沟通心灵，另一个沟通思想。如果其中一个误入歧途，社会就出现病态。今天的艺术就误入歧途了。

自文艺复兴以来，就已经谈不上什么基督教艺术了。阶级已经分化。有钱人和有特权者妄图垄断艺术，他们任意规定审美的标准。艺术远离广大群众，于是便变得十分贫乏。

无须为谋生而工作的人，其思想感情比劳动者狭隘得多。我们现代社会的感情可以归为三类：骄矜、淫欲和厌世。这三种感情和它们的分支几乎构成了富裕阶层艺术的唯一主题。

这一主题污染世界，腐蚀人民，宣扬色欲，成为实现人类福祉的最大障碍。再说，这样的主题既无真正的美，也缺乏自然和真诚，是一种凭空想出来的矫揉造作的艺术。

面对这种美学家的谎言和富人的消遣之作，让我们建立起活的艺术，人性的艺术，团结一切阶级、一切民族的艺术。在这方面，过去有过光荣的范例。

我们心目中最崇高的艺术，永远为人类的大多数所理解和喜爱，如创世纪的史诗，福音书的寓言、传说、故事、民歌。

最伟大的艺术是反映时代宗教意识的艺术。但别以为这是教会的一种教义。"每个社会都有一种对人生的宗教看法，那就是这个社会所追求的最大幸福理想。"大家都有一种明确或不明确的感情。若干先行者便清楚明确地将它表达出来。

始终存在着一种宗教意识。这是河流流淌着的河床。

我们时代的宗教意识便是通过人类的博爱达成幸福的企望，只有为实现这一大同境界而奋斗的艺术才是真正的艺术。最崇高的艺术是直接通过爱的威力完成这项事业的艺术。但有另一种艺术同样参与完成这一任务，它通过愤怒和鄙视的力量打击一切反对博爱的事物，像狄更斯和陀思妥耶夫斯基的小说、雨果的《悲惨世界》、米勒的油画。一切即使达不到上述高度，但以同情和真实的方式来再现日常生活的艺术也能使人类彼此接近。像《堂吉诃德》和莫里哀的戏剧便属于这一类。诚然，这后一种艺术往往由于描写现实过于琐碎，主题过于贫乏而有所欠缺，"当我们将它与古代的经典著作，如约瑟的美妙故事相比的话"。对细节过分精确地描述反而有害，使作品因此缺乏普遍意义。

当作品被一种现实主义糟蹋了，这种现实主义更确切地说不过是艺术的地方主义罢了。

就这样，托尔斯泰毫不犹豫地否定了他自身天才的要素。为了未来牺牲自我，即便自己一无所有又有何妨？

未来的艺术并非当前艺术的继续，而是建立在别的基础上，它将不再属一个阶级所有。艺术不是技艺，而是真情的流露。艺术家只有过着淳朴自然的生活，不脱离民众，才能有真实的感情。所以脱离生活的人创作条件最差。

将来，"一切有天赋的人都将是艺术家。随着音乐、绘画和基本语法一起被纳入小学的教学计划"，艺术成为人人都可参与的活动。另外，艺术已不再需要目前那些复杂的技巧，而是趋于简洁、明了、精确，这正是古典而健康的艺术、荷马式艺术的精髓。以这种线条纯净的艺术去表现普遍的感情该多美啊！为千百万人创作一个故事或者谱写一首歌、画一幅画，要比写一部小说或者一首交响乐重要得多、也困难得多。这是一片辽阔的几乎未被开垦的处女地。有了这样的作品，人类将能知道什么是博爱社会的幸福。

艺术应该消灭暴力，而且只有艺术能做到这一点。它的使命就是让天国，也就是爱，来统治一切。

这样的慷慨陈词有谁会不赞同呢？谁看不到托尔斯泰的观念尽管有不少空想和幼稚之处，却始终充满活力、有着丰富的内涵呢？是的，我们的全部艺术表现的不过是一个阶级。这个阶级在这个国家、那个国家又分化为一些敌对的小派系。在欧洲，没有一个艺术家的思想能体现各党派、各种族的联合。

在我们的时代，最有包容性的就是托尔斯泰的灵魂了。我们虽然分属不同种族和不同阶级，但在托尔斯泰心中，我们彼此相爱。而他也和我们一样，体尝到了这种博大之爱的极大喜悦，再也不会满足于欧洲艺术流派给予我们的那些星星点点的有关人类伟大心灵的描写了。

最美的理论只有在作品中完整而准确地表现出来才是有价值的。在托尔斯泰身上，理论和创作正如信念与行动一样永远是统一的。在构思他的《艺术批评》时，他提出自己心目中新艺术的模式。这艺术有两种形态，一种更崇高，另一种欠纯洁，但在最富人性的意义上，两种都带有"宗教性"。一种以爱来缔造人类的联合，另一种则向爱的敌人作战。他写了下述杰作：《伊万·伊里奇之死》（1884－1886）、《民间故事集》（1881－1886）、《黑暗的势力》（1886）、《克莱采奏鸣曲》（1889）和《主与仆》（1895）。这个艺术创作阶段的巅峰和终极，出现了《复活》，仿佛一座有两个塔楼的圣母院，一个象征永恒的爱，另一个象征对世界的厌恶。

所有这些著作都具有新的艺术性格，与以前的完全不同。托尔斯泰的想法变了，不仅对艺术的目的而且对艺术的形式也有了新的见解。在《什么是艺术》和《莎士比亚论》中，他提出的赞赏和表现原则都使人感到惊讶。这些原则大都与他先前最伟大的作品互相抵触。在《什么是艺术》里，他提倡的是简洁、质朴、明晰。他蔑视物质效果，反对刻画入微的现实主义手法。在《莎士比亚论》中，他又追求完美、有分寸的纯古典主义理想。"没有分寸感就不可能有艺术家。"即使在他的新作里，这位老人也未能抹掉自己的影子，其分析的天赋和孤傲的天性甚至在某些方面表现得更为明显。但艺术手法的确大大地改变了，线条更清晰更有棱角，中心思想更加突出，内心活动的发展变化也更加集中，宛如一头困兽，蓄势出击。具有普遍意义的感情，从带地方色彩的写实主义细节描写中抒发出来。总之，语言更富形象，更有韵味，散发着乡村泥土的气息。

他热爱人民，一直都欣赏民间语言之美。从小时候起，他便受到流浪说书人的感染和熏陶。长大成为名作家后，仍然觉得和农民谈话是一种艺术般的享受。稍后他曾对保罗·布瓦耶说：

他们都是语言大师。从前，当我同他们或者那些背着布袋流浪乡间的人聊天时，我把从他们嘴里第一次听到的词语仔细地记录下来。这些词语早已被我们现代文学语言所遗忘，但却一直流传在俄罗斯古老而偏僻的地方……是的，语言的灵魂一直存在于这些人中间……

他的头脑还没有被文学塞满，因而对这些词语更加敏感。他远离城市，

生活在农民中间，所以思维方式也有点儿像普通老百姓。辩证思维迟钝，理解力跟不上，动不动激动起来，令人不知其所以然，老是重复一些众所周知的想法，不厌其烦地使用同样的词语。

不过，这些实乃缺点而非长处。但假以时日，他渐渐领会到民间语言中的精华，其生动的形象、粗俗中的诗意，以及丰富的传奇般的智慧。从写《战争与和平》时起，他便开始接受这种影响。1872 年，他给斯特拉科夫的信中这样写道：

我改变了我的语言和文体方式。民众的语言丰富多彩，足以表达诗人要说的一切，这对我来说十分宝贵，它是诗歌最好的调音器。谁要想说装腔作势、虚情假意的话，这种语言绝对与之不相容。它不像我们没有骨气的文学语言，听任摆布，就像文学一样。

他不仅在风格上从民间寻求模式，而且从中汲取了不少灵感。1877 年，一位说书艺人来到亚斯纳亚·波里亚纳村，托尔斯泰记录下他讲的好听故事，其中有传说《人靠什么活着》和《三老者》。这两段故事几年后成了托尔斯泰这个时期出版的《民间故事集》中最美的篇章。

这是现代艺术中独一无二的作品，比艺术更高的作品。在读它的时候，谁会想到文学呢？福音书的精神、全人类同胞般的纯洁之爱，与民间智慧的淳朴微笑结合在一起。单纯、清澄、不可磨灭的善良心地、不时自然而然地洒落在画面上的一抹超自然的天光，这道光为中心人物叶利赛老人罩上了光环，飘浮在鞋匠马丁——那个从与地面相平的天窗看着人们的脚匆匆走过、上帝装扮成被善心的鞋匠救过的穷人去看望的那个人——的鞋摊上。在这些故事里，福音书的寓言往往混有东方传说难以名状的幽香，犹如托尔斯泰儿时便爱看的《一千零一夜》。有时候，神奇的光变得阴森恐怖，使故事产生令人惊恐的效果。在《农民帕霍姆》中，帕霍姆想在一天之内圈下尽可能多的土地，结果在走完一天时倒地身亡。

在山丘上，巴什基尔人的头头席地而坐，看着他奔跑，接着双手捧腹大笑。帕霍姆倒了下来。"噢，好极了，老兄，你得了很多地。"巴什基尔人的头头站起身来，扔给帕霍姆的雇工一把镐，说道："喂，把他埋了吧。"仆人剩下孤身一人。他给帕霍姆刨了一个坑，三俄尺长，正好是从头到脚的长度，然后把他埋了。

几乎所有这些故事都在诗一般的外壳下裹着福音书的道德训诫：克己和宽容。

不要报复冒犯你的人。不要对抗伤害你的人。"报复是我的事。"上帝说。

无论何时何地，结论都是爱。——托尔斯泰想为人类创造一种艺术，一下子便达到大同的境界。在全世界，他的作品获得了无止境的成功：因为他的作品剔除了艺术中一切可以磨灭的成分，剩下的只有永恒。

《黑暗的势力》达不到、也不企求达到心灵净化这一庄严的高度：那是双刃剑的另一刃。一面是天人之爱的梦想，另一面是残酷的现实。在读这部戏剧时，我们可以看到托尔斯泰的信念以及他对人民的爱，能否做到把民众理想化并揭示出真理。

托尔斯泰对戏剧的尝试大都很不高明，这一次却达到了得心应手的境界。人物性格和情节安排得颇为自然：自以为是美男子的尼基塔，淫荡的阿尼西娅，貌似善良、实则阴险甚至纵子通奸的老婆子马特廖娜，口齿不清、长相可笑却有着圣人心肠的老头子阿基姆等。接着是尼基塔的堕落，他并非恶人，但意志薄弱，尽管想努力悬崖勒马，仍在母亲和妻子的驱动下，滚进了罪恶的深渊……

男的是不值个啥。可这帮娘儿们呢！简直是帮野兽！她们什么事都干得出……这种娘儿们，在俄国有成千上万，都像些瞎眼的土拨鼠，什么都不懂，什么都不知道！……男的嘛，在小酒馆，或者，谁知道呢？在监狱或者在军营，好歹还能学到点儿什么，可是女的呢？什么都没见识过，什么都没听说过。生下来咋样，到死还是咋样……她们像些瞎眼的小狗，到处乱窜，拿脑袋往粪堆里钻。只会扯着嗓子傻唱："嗬—嗬！嗬—嗬！"……什么是嗬—嗬？……她们自己也不知道。

接着是初生婴儿被杀害的恐怖场面。尼基塔不愿下手。阿尼西娅曾为他杀死亲夫，此后一直为自己犯下的罪行受精神折磨，变得像野兽般凶狠，发疯似的威胁着要告发他，她大喊道："至少，不只我一个人犯罪。他也是杀人犯。让他尝尝当杀人犯的滋味吧！"尼基塔用两块木板将孩子夹死，却又吓得逃开了。他威胁要杀掉阿尼西娅和他母亲。他号叫着央求道："我的好妈妈，我再也受不了啦！"他似乎听见被夹死的孩子在叫喊："我该往哪儿逃？"……

这是莎士比亚式的场景。第四幕没那么野蛮，但更加刺心，那就是小女孩儿和老仆人的对话。他们两人夜里在家听见喊叫，猜到外面正发生一幕惨案。

最后是心甘情愿的惩罚。尼基塔在他父亲阿基姆老头儿的陪同下，赤足走进正在举行婚礼的大厅。他跪下，向所有人请求宽恕，供认了所有罪行。阿基姆老头儿鼓励他，用恍惚的充满痛苦的微笑注视着他：

上帝！噢，他就在这儿，上帝！

使全剧具有特殊艺术韵味的是它那农民的语言。

托尔斯泰告诉保罗·布瓦耶："为了写《黑暗的势力》，我翻遍了我的笔记本。"

这些意想不到的形象是从俄罗斯人民抒情而嘲讽的心灵中喷涌而出的，丰满且富有活力，与之相比，一切文学形象都黯然失色。这正是托尔斯泰的兴之所至。人们感觉到，艺术家写剧本的时候，以记录这些词语和思想为乐，他能抓住其中的喜剧成分，同时为灵魂的阴暗感到忧伤。

在观察民众、从天际投射出一道光照亮黑夜的同时，托尔斯泰针对富有阶层和资产者更浓重的黑暗，又写了两部悲惨的小说。可以看出，这一时期，他的艺术思考专注于戏剧形式。《伊万·伊里奇之死》和《克莱采奏鸣曲》这两部小说都是描写内心世界的真正悲剧，情节紧凑且集中。而在《克莱采奏鸣曲》中，由悲剧主人公自己叙述。

《伊万·伊里奇之死》（1884—1886），是最能打动法国公众的俄罗斯作品之一。我在本书的开头已谈到，我曾亲眼目睹法国外省那些平时并不关心艺术的市民，读了这部作品无不为之动容的情形。因为这部作品以骇人听闻的真实刻画了市民阶级中的一个典型。一个尽职的公务员，没有宗教意识，没有理想，几乎没有任何思想，只知埋头工作，过着机器人般的生活，直到临死才惊慌地发现自己虚度了此生。伊万·伊里奇是 1880 年欧洲资产者的代表，他们阅读左拉的作品，听萨拉·伯恩哈特的演唱，没有任何信念，甚至并非反宗教者：因为他们懒得去信，也懒得不信，根本从来不曾想过。

《伊万·伊里奇之死》对人世，尤其是对婚姻的猛烈攻击极尽嬉笑怒骂之能事，开了一系列新作品的先河，预告了他在《克莱采奏鸣曲》和《复活》中将有更加愤世嫉俗的描写。可悲复可笑的空虚人生（这样的人生何止千千万万）、畸形的野心、贫乏可怜的自满自足，这一切都不会带来欢乐——"只不过略胜于和妻子晚上相对而坐罢了"——还有职业的烦恼，受到亏待时的沮丧，真正的幸福不过是玩玩纸牌。这种可笑的生活偏偏被一种更可笑的原因破坏了：有一天伊万在挂客厅的窗帘时不慎从梯子上跌了下来。生活是欺骗，疾病是欺骗。一心只为自己打算的健康的医生在欺骗，让疾病折腾烦了的家庭在欺骗，假装忠诚其实内心盘算着丈夫死后如何生活的妻子也在欺骗。所有的人都在撒谎，只有一个富于同情心的仆人不肯撒谎，他不向垂死者隐瞒他的病情，而且像兄弟般照顾他。伊万·伊里奇"对自己痛惜不已"，为本身的孤立无援和人类的自私而伤心落泪。他痛苦异常，直到有一天，他发现自己过去的生活只是一场骗局，但这骗局还可以补救。于是，在他死前一小时，一切都豁然开朗。他不再只考虑自己而是想到他的家人，他可怜他们，他"必须"以死来解除他们的负担。

——你在哪里呀，痛苦——它就在这里……那么，你待着吧。——死亡，它在哪里？……他再也找不到死亡了。没有死亡，只有光明。……"完了。"有人说。——他听见了这些话，心里一再重复。——"死亡不复存在了。"他自言自语道。

在《克莱采奏鸣曲》中，甚至这道"光"也不再出现了。这是一部残忍的作品，像一头受伤的野兽，被放出来报复社会，报复自己曾经受到的伤害。别忘了，那是一个丧失人性者的忏悔录，他受到嫉妒这种病毒的侵袭，刚刚杀了人。托尔斯泰隐藏在他的人物背后。但在对普遍存在的虚伪提出的愤怒谴责中，无疑可以看到他的思想，他提高声调，痛骂女子教育的虚伪，爱情的虚伪，婚姻（这家庭里的卖淫）的虚伪，社会、科学、医生（这些罪恶的散播者）的虚伪。他书中的主人公驱使他使用粗鲁的言词，暴戾而肉感的形象——那是一个骄奢淫逸之徒的全部狂热。而与之相对照的，是疯狂的禁欲主义，对情欲的又恨又怕，受肉欲煎熬的中世纪僧侣对生活的诅咒。书写成之后，托尔斯泰本人也为之惊惶不已。他在《克莱采奏鸣曲》的《跋》中写道：

我根本没有料到，写这部作品时，一种严密的逻辑会把我推到现在的境地。我得出的结论最初把我自己也吓了一跳，我不愿意相信，但由不得我不信……我不得不接受它们。

事实上，他明确无误地通过凶杀犯波兹内舍夫的嘴对爱情和婚姻发出凶狠的叫喊：

用色迷迷的目光注视女人，特别是自己的妻子时，便已经犯下了奸情。当情欲消失，人类再也没有存在的理由时，神示才能实现，人类的大同才能形成。

他依据《马太福音》指出，基督教的理想并非婚姻，不可能存在什么基督教婚姻，按基督教的观点，婚姻并非进步，而是一种堕落，爱情及其前前后后发生的事都是实现人类真正理想的障碍。

但这些想法由波兹内舍夫嘴里说出来之前，在作家头脑里从没有如此明确。正如许多伟大的创造者那样，是作品在推动着他们，先做艺术家，然后才能成为思想家。这丝毫无损于艺术。从效果的力度、热情的浓度、景象的鲜明突出、形式的丰富和成熟上看，托尔斯泰的作品中，没有一部能比得上《克莱采奏鸣曲》。

　　我还要对这部作品的题目作些简要的说明。——其实，这部作品并不切题，容易令人产生误解。音乐在其中只占次要地位。去掉奏鸣曲这个词，作品不会有任何改变。托尔斯泰一直认为音乐和爱情都具有使人堕落的力量，但他错误地将两者混为一谈了。音乐的魔力应该另写专著讨论。托尔斯泰在作品中给予它的地位，不足以证明他揭露出来的危险。在这个问题上，我必须稍稍说明一下，因为我认为人们还不明白托尔斯泰对音乐的真正态度。

　　他绝不是一点儿也不喜欢音乐。对任何事情，一个人只有爱得深才会怕得厉害。人们该记得对音乐的回忆在《童年时代》，尤其是在《家庭幸福》中所占的地位吧。在后一部作品里，爱情的四季从春天到秋天都在贝多芬《月光曲》的各个段落中出现。我们还别忘了涅赫柳多夫和小彼佳在临终前夜，内心深处所听见的美妙乐曲。托尔斯泰对音乐知之不多，但音乐确使他感动得流下了眼泪。他一生中有一段时间也曾经热情地投入到了音乐之中。1858年，他在莫斯科创办了一个音乐社团，成为后来莫斯科音乐学院的前身。他的妻弟别尔斯曾经这样写道：

　　他非常喜欢音乐，会弹钢琴，尤其喜爱古典音乐大师的作品。他常常在工作之前先弹上几段。也许是为了从中找到灵感。他喜欢我妹妹的歌喉，我妹妹总是给她伴奏。曾经我注意到音乐在他内心激发出的感受，以致使他脸色都变得有点儿苍白，还有一种不易察觉的怪样，这可能在反映他的恐惧。

　　这正是在震撼他全身心的一股不可名状的力量的冲击下，他所感受到的恐惧。他觉得他的意志、良知，以及生活的全部现实，都融入了这个音乐的世界。让我们重温一下《战争与和平》第一卷尼古拉·罗斯托夫刚刚赌输了钱、垂头丧气地回家那一幕吧。他一听见他妹妹娜塔莎的歌声，便把一切都忘了。

　　他不耐烦地等待那即将奏出的音符，一时间，世界上只有三拍的节奏：Oh！Mio crudele affeto！

　　——"我们的生活真是荒谬无比，"他心想，"不幸、金钱、仇恨、名誉，一切都是虚的……这才是实的！……娜塔莎，我的小鸽子！……瞧瞧她能否唱到高音B……唱出来了，感谢上帝！"

　　他不知不觉也在唱。为了加强B音，他应和着她的三度音程。

　　——"啊！我的上帝，太棒了！难道是我赋予她的？我真高兴！"他心里想道。这三度音程的颤音，使他心里产生了最美好、最纯洁的感觉。比起这种超凡的感觉来，输掉的钱、发过的誓又算得了什么呢？……简直是疯狂！一个人可以杀人、偷盗，而仍然感到幸福。

其实尼古拉既不杀人，也不偷盗，音乐于他不过是一时的激动，而娜塔莎却已痴迷其中。在歌剧院度过整整一晚以后，在这个失去理性的奇特世界里，远离现实，善与恶、怪诞与理性混淆在一起，她听着阿纳托里·库拉金使她癫狂的表白，答应和他私奔了。

托尔斯泰年岁越老越害怕音乐。1860 年，他在德累斯顿遇见了一个曾对他产生影响的人——奥尔巴赫，无疑更加深了他对音乐的戒心。他谈到音乐，仿佛是一种放纵的享受。据他看来，音乐是走向堕落的转折点。

卡米尔·贝兰格先生问道，在众多使人颓废的音乐家中，为什么偏偏选上最纯粹、最洁身自好的贝多芬呢？——因为他是最棒的。托尔斯泰一直很喜欢他。《童年时代》中最遥远的回忆就和那支《悲怆奏鸣曲》联系在一起。在《复活》的结尾，涅赫柳多夫听到奏起《C 小调交响曲》的行板时，忍不住落下泪来。他感怀自己的身世。可是，在《什么是艺术?》一书中，托尔斯泰谈到"聋子贝多芬的病态作品"时，又是何等深恶痛绝。早在 1876 年，他便恶狠狠地要"打倒贝多芬，使人怀疑他的天才"。这种态度使柴可夫斯基大为反感，以致对托尔斯泰的赞赏也慢慢冷却下来。《克莱采奏鸣曲》让我们清楚地看到托尔斯泰这种狂热之不公平。他责怪贝多芬什么呢？是怪他太强有力了。托尔斯泰像歌德一样，在听 C 小调交响曲时，深受震撼，竟生起气来，深怪作曲的大师将自己随意摆布。托尔斯泰说：

这种音乐立即把我带到作曲家的精神境界……音乐应该是国家的事业，如在中国那样。我们不应允许随随便便一个人拥有如此可怕的催眠力量。他的音乐只能在某些重要场合才能被允许演奏……

尽管他发了满腹牢骚，但他仍然被贝多芬的音乐的力量所折服。他也承认，这种力量能使人变得高尚，能使人的灵魂得到彻底的净化。波兹内舍夫听到这段音乐，精神坠入了他自己也无法分析的难以名状的状态，这时他心情舒畅，嫉妒心跑得无影无踪。女人的容貌也变了。演奏时，有"一种庄严肃穆的表情"，弹奏完了，"脸上露出楚楚动人的幸福的微笑"……这一切哪有什么堕落之处？……有的只是心灵任由其俘虏，任由声音的力量所摆布，如果这种力量愿意，灵魂真能被其毁掉。

这是真的。但托尔斯泰只是忘了一点：那就是很多听音乐或者从事音乐创作的人，他们的生活都很平庸，甚至到了极为贫乏的地步。对一个缺乏敏锐感知力的人来说，音乐不会对他构成什么威胁。在《莎乐美》的一场演出中，歌剧院大厅的戏安排得很好，以至于音乐中最不健康的那种感情也根本伤害不到观众，而只有像托尔斯泰那样有着丰富的生活经历的人才会有被影响的危险。然而事实上，托尔斯泰虽然对贝多芬的评价相当尖酸刻薄，甚至有欠公允，但比起今天大部分对贝多芬赞誉很高的人来说，他对贝多芬的音乐有更深的感触。至少他听得出萌动在"老聋子"的音乐艺术中的那种狂热激情，以及那野性十足的气势，而这一切是今天任何演奏家，以及任何一个乐队所不能体会的。假如贝多芬还活着，托尔斯泰对他的恨、对他的刻薄，比起崇拜者们对他的爱戴、对他的推崇，也许更会使他欣慰。

名师伴你读

品读与赏析

托尔斯泰以批判性的观点去对待科学和艺术，它们成为某个阶层特权的幌子。他相信科学和艺术是造成当今社会伪善和不公平的帮凶，他终其一生都没改变这个看法。他甚至会有些武断地否定很多被世人称道的艺术大家。对于要否定的内容，托尔斯泰的斥责和挖苦总是写得尖酸刻薄。他认为艺术一旦远离广大群众，就会变得十分贫乏。那些无须为生计奔波的艺术家的思想感情比劳动者狭隘得多。他热爱人民，于是深入群众，这一方面使他的语言脱离了文学性，另一方面却从民间语言中汲取了营养。

学习与借鉴

1.讽刺的运用：在表现对丑陋事物的讽刺时笔锋犀利。如，作者提到托尔斯泰的小说《农民帕霍姆》中，帕霍姆想在一天之内圈下尽可能多的土地，结果在走完一天时却倒地身亡，就是对愚昧贪婪者的辛辣讽刺。

2.设问句和反问句的运用：本节的多处设问句和反问句都是无疑而问，目的是要引起读者对所提问题的关注，突出作者的态度、情感。

《复活》——另一个世界

名师导读

借巅峰形象
说明《复活》所
达到的极高的艺
术境界。【夸张
修辞】

《复活》与他渴求生命永恒而期待的终结相隔十年。从某种意义上来说，《复活》可说是托尔斯泰在艺术上的遗嘱，如同《战争与和平》是他艺术上成熟的标志。《复活》是他晚年的最大成就，这是最后——如果不算最雄伟——可能也是最高的巅峰，峰顶云遮雾绕，高不可见。此时托尔斯泰已经七十岁。他放眼世界，他的生活、他过去的错误、他的信仰、他的愤世嫉俗，他居高临下地审视这一切。思想依旧是以前作品中的思想，对虚伪仍然持嫉恶如仇的态度。但艺术家的精神像在《战争与和平》中一样，翱翔于作品的主题之上，在《克莱采奏鸣曲》和《伊万·伊里奇之死》的辛辣讽刺与骚动心情之外，又掺入了超脱世俗的宗教式宁静心境。可以说，有时候他竟成了基督徒式的歌德。

我们从他后期的作品中所发现的艺术手法，在这里再度出现，这在长篇小说里比在一般短篇小说里显得更为突出。作品浑然一体，几乎没有任何插曲，这一点，与《战争与和平》和《安娜·卡列尼娜》大不相同。全书只有一个情节，所有细节都紧紧围绕着这个情节。像在《克莱采奏鸣曲》中一样。人物形象刻画得淋漓尽致，很有力度。观察越来越清晰、敏锐，完全是无情的写实手法，从人性中看到了兽性——"人身上可怕地存在着兽性，如果这种兽性没有袒露出来，而是深藏在所谓诗意的外表之下时，则更加可怕。"沙龙里的谈话，目的不过是满足身体的需要，即"需要活动活动舌头和口腔的肌肉，以帮助消化"。这种严厉的看法针对所有的人，谁也不能幸免，美丽的科尔恰金娜也一样，"她肘部突出的骨头和大拇指宽宽的指甲"，还有领口很低的衣着，使涅赫柳多夫觉得"既可耻又恶心，既恶心又可耻"。女主人公马斯洛娃也不例外，她的堕落，她的未老先衰，她粗俗下流的谈吐，以及富有挑逗性的微笑、散发着酒味的气息，还有那张激情燃烧、涨得通红的脸。完全是自然主义的粗野的细节描写：诸如女人蹲坐在粪桶上，聊着天。诗意的想象、青春的气息都消失了，只有初恋的回忆还能在我们心中唤起一种音乐的震颤；复活节的前夜和复活节当晚，解冻之时的浓雾白蒙蒙的，"离房子五步以外，只看见漆黑的夜色中射出一盏灯的红光"；半夜鸡鸣，冰封的河面发出爆裂声，哗啦啦地崩塌着，仿佛玻璃杯给打碎时的声响。年轻人从屋外透过玻璃窗注视着少女。少女没看见他，只是坐在那里，面对闪烁的灯光——卡秋莎若有所思的脸上绽出了微笑，她沉入了幻梦。

名师导读

> 典型性的肖像描写。对人物的厌恶之情从外貌描写上即可见一斑。【外貌描写】

　　作者的抒情在这里并没有占据多少位置，艺术手法也更加趋于客观，与他本人的生活距离似乎也更远了。托尔斯泰想努力改变他的观察范围。但他在这里研究的罪犯和革命者的社会，都是他所不熟悉的。他进入他们的社会，只是努力使自己对他们产生由衷的同情。他甚至承认，在仔细观察他们之前，革命者令他产生无法克制的厌恶。特别让人钦佩的是，他真切的观察简直有如一面无瑕的镜子，典型的人物多么丰富，细节描写又多么准确！无论卑鄙龌龊还是美德，一切都以极其明智的平和态度和博爱的胸襟去对待，既不苛刻，也不姑息！……作者描写妇女在监狱中的景象，画面十分凄惨！女人之间彼此冷酷无情，艺术家却是仁慈的上帝：他从她们每一个人的内心看到卑鄙掩盖下的痛苦，无耻的面具下那一张张涕泪纵横的脸。马斯洛娃邪恶的灵魂中逐渐露出纯洁的微笑，终于化为一道牺牲精神的火焰，照亮了她的灵魂，犹如

> 托尔斯泰敏锐的洞察力，犹如镜子般客观映照，毫发毕现。【比喻修辞】

> 用比喻的修辞使语言表达更生动、形象。【比喻修辞】

167

一缕美丽动人的阳光，照亮了伦勃朗笔下阴暗的画面。作者甚至对刽子手也不曾正言厉色，"宽恕他们吧，主啊，他们并不明白自己的所作所为"……最糟糕的是，往往他们明白自己的所作所为，并为此感到后悔，但他却又不能不这样做。书中表现出一种压垮一切的宿命，无论受苦者还是使人受苦的人都难以承受其重压。如天性仁慈的典狱长，对狱吏生活已经感到厌倦。他那个身材瘦小、脸色苍白、眼圈发黑的女儿，同样厌烦不堪地练习钢琴，没完没了地敲击李斯特的狂想曲。还有那位西伯利亚小城的总督，聪明而且善良，在欲行善事与被迫作恶之间进行着无法解决的内心斗争，三十五年来他只好借酒消愁，但头脑依然清醒，即使酒后也不失态。更有一些家庭温馨和睦的人，由于职业的原因，对他人变得没心没肺。

唯一缺乏客观的真实性的人物是书中的主人公涅赫柳多夫，因为托尔斯泰把自己的思想给予了他。这已经是《战争与和平》或《安娜·卡列尼娜》中众多著名人物，如安德烈公爵、皮埃尔·别祖霍夫、列文等的缺点乃至危险，但还不那么严重，因为他们的处境和年龄，比较接近托尔斯泰的精神状态。而在这部作品里，作者将一个七十岁老翁的灵魂硬塞进一个三十五岁的浪荡公子的躯体之中。我并不是说涅赫柳多夫的精神危机不真实，也不是说危机能来得那么突然，而是根据托尔斯泰的描绘，这个人物的气质、性格和过去的生活经历，既找不出、也解释不了这种精神危机的起因，而且，此病一旦发作，便再也制止不住。无疑，托尔斯泰深刻指出了涅赫柳多夫的牺牲思想一开始就有不纯的成分，那些顾影自怜和自我欣赏的眼泪，稍后是在现实面前产生的恐惧和厌恶感。但他的决心从未动摇过。这次精神危机与先前那些来势凶猛却时间短暂的危机毫无关联。什么也阻止不了这个优柔寡断的人了。这位王公有钱、受人尊敬、很在意社会对他的满意程度。他正要娶一位爱他、而他也颇喜爱的姑娘，却突然决定抛弃一切，抛弃财富、上流社会、地位，去娶一个妓女，为的是弥补过去的一个错误。他的狂热毫不动摇地延续了好几个月，经受住了一切考验，即使听说他打算娶为妻子的女人继续过着腐化堕落的生活时，也不曾气馁。——这其中有着一种神圣感，完全可以运用陀思妥耶夫斯基的心理分析理论，从作品主人公阴暗的心灵深处直到机体组织中找到其根源。但涅赫柳多夫与陀思妥耶夫斯基笔下的人物毫无共同之处。他是个普通人的典型，庸庸碌碌，身体健康，正是托尔斯泰惯常写的人物。事实上，我们清楚地感到，这是一个非常讲求实际的人，与属于另一个人的精神危机相叠合，这另一个人，就是托尔斯泰老头儿。

同样给人以双元并立印象的，是书的末尾，以严格的写实手法写成的第三部分，出现了不必要的福音书式的结论——个人发自信仰的行为，把这种行为写成观察生活的结果是不符合逻辑的。他将宗教思想注入现实主义之中，已经不是第一次了。但在此前的作品中，两者结合得比较好，而在这里，两种因素却并存而不融合。对比更加明显的原因是，托尔斯泰的信仰越来越脱离现实，而他的现实主义艺术则日益放肆和尖锐。这并非疲倦而是衰老的迹象——可以说，他的关节有点儿僵硬了。宗教的结论并非作品的自然发展。这是"整体中走出来的上帝"……我深信，在托尔斯泰内心，不管他如何表白，他不同的天性，即艺术家的真诚和信徒的真诚并非水乳交融。

但是，尽管《复活》没有他青年时期作品的那种和谐完美，尽管我个人更喜欢《战争与和平》，但它仍不失为描写人类同情心的最美丽的、可能还是最真实的诗篇。在这部作品里，我比在任何其他作品中更清楚地看到托尔斯泰那双明亮的眼睛，那双"能直接看透人心"的、浅灰色的眼睛。在每个人心灵中都看到了上帝的存在。

名师导读

用简洁的语言指出本书的另一不成功之处，即作品情节出现矛盾的问题。【概括叙述】

"并非水乳交融"准确地写出了托尔斯泰信仰与艺术的矛盾的一面。【用词准确】

名师伴你读

品读与赏析

《复活》是托尔斯泰一生创作中最后的辉煌，虽然它在人物思想脉络的把握和情节上存在一些不够真实完善的问题，但在总体上毕竟瑕不掩瑜，仍不失为一部伟大的作品。在这里，托尔斯泰仍然保持了他一贯的对虚伪嫉恶如仇的态度，他的信仰越来越脱离现实，而他的现实主义艺术则日益放肆和尖锐。在大多数人物形象的刻画上，托尔斯泰仍然表现得淋漓尽致，很有力度。他的观察越来越清晰、敏锐，用完全写实的手法，从人性中看到了兽性的一面。

作者对托尔斯泰的《复活》在给予很高的评价的同时，也直言不讳地提出了一些批评。由此使人对托尔斯泰有一个较为全面的认识。

学习与借鉴

1. 形象生动的比喻：如，作者评价说《复活》是"最高的峰巅"，运用比喻写出托尔斯泰的伟大成就。

2. 人物肖像描写：如，本节中例举的托尔斯泰对《复活》的女主人公马斯罗娃的形貌描写，还有对典狱长那个"身材瘦小、脸色苍白、眼圈发黑"的女儿的外貌描写，都惟妙惟肖地反映了人物的内心潜在世界。

在理想与现实之间寻找平衡

托尔斯泰从未舍弃艺术。一位伟大的艺术家，即便他愿意，也不可能抛弃自己生活的宗旨。为了宗教的原因，他可以不发表作品，但却不能不写作。托尔斯泰从未中止过艺术创作。曾经在他晚年去亚斯纳亚·波里亚纳拜望他的保罗·布瓦耶说，他一面写宣道或论战的作品，同时也进行文艺创作，交替进行，作为调剂。写完一篇有关社会的论文，或者某篇《告统治者书》、《告被统治者书》之后，他便心安理得地继续写某个给自己讲述的优美故事，如《哈吉·穆拉特》就是在这个时候写的。《哈吉·穆拉特》是一部军事史诗，咏唱高加索战争中的一段插曲和山民们在沙弥尔领导下反抗沙皇的斗争。艺术依然是他的消遣、他的乐趣，但认为以此炫耀便是虚荣。他编过一本《每日必读文选》（1904—1905），其中收集了许多作家有关真理和生命的看法，真正是一套集东方经书到当代艺术家的智慧之大成的文选。1900年以后，他所有的艺术作品留下来的都只是手稿。

相反，他果敢而热情地以他论战性的、含有狂热信仰的文章参与社会的大论战。从1900年到1910年，他几乎全力以赴。当时，俄国处于可怕的危机之中，沙皇帝国一时间似乎分崩离析，摇摇欲坠。日俄战争、大溃败，接着是革命动乱、陆海军的叛变、大屠杀、农村骚动，一切都像是"世界末日"的征兆。——托尔斯泰有一部作品用的就是这个标题。1904年至1905年间，危机达到了顶峰。在这些年月里，托尔斯泰发表了一连串响当当的作品，如《战争与革命》、《弥天大罪》、《世界日》等。在最后的十年中，他不仅在俄罗斯，而且在全世界都占有独一无二的地位。他孤军奋战，不加入任何党派，不倾向任何国家，脱离了教会，被开除教籍。他理性的逻辑、执著的信仰，将他"逼到两难的境地：离开其他所有人，还是离开真理"。他想起了这句俄罗斯谚语："老人撒谎等于富人偷窃。"于是，他离开众人而去宣示真理。他将全部真理告诉所有人。这位与谎言不共戴天的老人，坚持不懈地抨击一切宗教和社会迷信，一切被人盲目崇拜的偶像，而不限于攻击古代暴虐的政权、迫害异己的教会、沙皇的贵族统治。而今大家都向这些扔石头了，也许他反而会手下留情。因为人们对这一切已有所认识，便不那么可怕了。总之，他们干他们的事，再也骗不了人了。托尔斯泰曾给沙皇尼古拉二世写过一封信，说实话，这封信对作为君主的沙皇是不大客气的，但对作为人的尼古拉二世，态度却很温和，他称沙皇为"亲爱的兄弟"，并且说，如果自己"无意中给他带来不快，务请他原谅"。落款是"祝愿您获得真福的兄弟上"。

托尔斯泰最难以宽恕并坚决予以揭露的，是新出现的，而不是过去已经被揭穿的谎言。他所憎恨的不是专制主义，而是对自由的幻想。人们弄不清，在新偶像的信徒中，他最恨的是社会主义者还是"自由派"。

他对自由派的反感由来已久。他在塞瓦斯托波尔当军官和处在彼得堡的文人圈中的时候，这种反感已经产生了。这正是他与屠格涅夫不和的原因之一。这个骄傲的贵族和世家子弟，难以认同那些知识分子及其抱负，他们侈言不管愿意与否，只要接受他们的乌托邦，必能给国家民族带来幸福。托尔斯泰是地道的俄罗斯人，家世悠远，对有自由色彩的新事物和来自西方的立宪思想一贯抱怀疑的态度。两次旅欧更加深了他的警惕。第一次游历归来时，他曾经写道：

避开自由主义的野心。

第二次旅欧归来，他指出："特权社会"，毫无权利以其方式教育他们所不熟悉的人民大众……

在《安娜·卡列尼娜》中，他充分表达了对自由主义者的蔑视。列文拒绝参与省里民众教育机构的工作，以及提到议事日程上的各种改革。省士绅议会的选举，充分表明这是地方上一次骗人的交易，不过是以自由派政府取代先前的保守政府而已。一切毫无改变，只是一个新的谎言，绝对得不到今后几个世纪的原谅和认可。

"我们也许算不了什么，"这位旧制度的代表说道，"但我们延续了不下一千年。"

托尔斯泰对自由派滥用"人民，人民的意志……"这些词句感到愤慨。哼！关于人民，他们懂得什么？什么叫人民？

尤其是当自由主义运动接近胜利，打算召开国家杜马的时候，托尔斯泰发表意见，强烈反对君主立宪主张。

最近一段时间，对基督教教义的歪曲导致一种新的骗局产生，使我国各族人民更加处于被奴役的地位。有人借助于一整套复杂的议会选举制度告诉他们，如果他们直接选出自己的代表，就等于他们参加了政府，听命于这些代表就等于听命于自己的意愿，他们是自由的。这是一种欺骗。即使全民普选，人民也表达不了自己的意愿：第一，在一个有数百万居民的国家里，这样一种集体愿望不可能存在；第二，即使存在集体愿望，也反映不了大多数选民的意愿。先别说当选人制定法律、管理行政并非为广大人民的利益，而是为了自己的权力，也姑且不提民众由于受到压力和选举舞弊而腐化堕落的事实；尤其有害的是，这种谎言，使相信它的人做了奴隶还沾沾自喜……这些自由人令人想起那些囚犯，当他们有权选举被责成管理监狱内部安全事务的狱卒时，便以为享受到自由……一个专制国家的人即使遭受最残酷的暴力压迫，也完全可以是自由的。但立宪国家的人则永远是奴隶，因为他承认了对他行使暴力的合法性……而现在却有人想将俄罗斯人民引入欧洲其他各国所处的立宪制奴隶状态！

他之所以疏远自由主义，主要是不屑其所为。而对社会主义，若不是他禁止自己憎恨任何事物，则是或很可能是恨。他格外讨厌社会主义，是因为其中混合着两种谎言：自由的谎言和科学的谎言。难道社会主义不是侈言自己是建立在某种经济科学之上，这种科学的绝对法则支配着世界的进步吗？

托尔斯泰对待科学的态度是非常严厉的。他写过不少文章，尖刻地讽刺这种现代的迷信和"那些毫无意义的问题，诸如物种起源、光谱分析、镭的本质、数的理论、动物化石以及其他种种无聊的课题，等等。今天人们煞有介事地对待这一切，其重视程度犹如中古时代对待圣母无玷而孕或物质的二元论一样"。——他嘲笑"那些科学的奴仆，他们和教会的奴仆一样，自诩并说服其他人相信他们正在拯救人类，他们和教会一样，相信自己做的一切都是对的。但他们彼此总难取得一致，于是便分成帮派。他们和教会一样，是粗俗、道德上无知的主要根源，也是延误人类从所受的苦难中摆脱出来的主要根源。因为他们抛弃了唯一能实现人类大同的东西，即宗教意识"。

当他看见这种新狂热的危险武器，落到自称能使人类获得新生的人手里时，他心中备感忧虑，怒火也随即爆发。任何革命者只要使用暴力，他便感到不快。革命的知识分子和理论家则使他厌恶，说他们是迂腐有害的学究、骄傲而僵化的人，不爱人类而只爱自己的想法。何况还是低级的想法。

社会主义的目标是在于人的最低级的需求：物质福利。然而即使这种目标也无法用它鼓吹的方法达到。

归根结底，它是没有爱，有的只是对压迫者的恨和"对富人们温馨富裕生活的艳羡，如同围着粪堆乱飞的苍蝇，只想吃个饱"。如果社会主义有朝一日取得胜利，世界将出现可怕的景象。欧洲那群强盗将变本加厉地扑向弱小的野蛮民族，好让欧洲以往的无产者能够像古代的罗马人一样过上骄奢淫逸、优游快乐的生活。

幸而社会主义者将最大的精力都耗费在夸夸其谈之中，饶勒斯的演说便是一例。下面是托尔斯泰与保尔·布瓦耶的谈话。

多么了不起的演说家！他的演讲包罗万象，却又什么也没有……社会主义有点儿像我们俄国的东正教：你攻它，将它逼得无言以对，你以为抓住它了，而它突然转过身来，对你说："不，我并不是你以为的那样，我是另一回事。"于是从你手里溜走了……耐心点儿！让时间来判断吧。有的社会主义理论就像女人的时装一样，很快便会从客厅退到门厅的。

托尔斯泰这样攻击自由派和社会主义者，绝不是让贵族阶级乘虚而入，恰恰相反，为的是从军队里清除危险的捣乱分子以后，让新旧两个世界的战斗全面展开。因为，他也相信革命，但他的革命与革命者的革命有很大的不同，像中世纪的神秘主义信徒那样，期待着圣灵统治的未来。

我认为，就在这一确定的时刻，基督教世界里酝酿了两千年的大革命已经开始。这一革命将以真正的基督教取代腐朽的基督教及其衍生的统治制度。这真正的基督教是人类平等和一切有良知者所企望的真正的自由的基础。

那么，这位能看到未来的先知选择什么时刻宣布幸福和爱的新纪元呢？是在俄罗斯最黑暗的时刻，灾难和耻辱的时刻。啊！具有创造性的信念能发挥多大的能量啊！周围一片光明，即使在夜里也如此。托尔斯泰在死亡中看到了新生的迹象，在满洲战争的灾难中，在俄国军队的溃败中，在可怕的无政府状态和血淋淋的阶级斗争中也一样。他梦想的逻辑使他从日本的胜利里得出了奇怪的结论，即俄罗斯应该不参与任何战争，因为在战争中，非基督徒民族往往比"经历过奴隶般服从阶段"的基督徒民族占有优势。这么说他的民族就该退让？不是的，这是最大的骄傲。俄罗斯必然抛弃任何战争，因为它要完成"伟大的革命"。瞧，这位亚斯纳亚·波利亚纳的宣道者，暴力的死敌，竟在无意中预言了共产主义革命的到来！

1905年的革命，将把人类从野蛮的压迫中解放出来。这场革命应当在俄罗斯爆发。它开始了。

为什么俄罗斯应当扮演这个上帝选民的角色呢？因为新的革命首先必须弥补"大罪"：少数富人垄断土地、千百万人被奴役，而且是最残酷的奴役。还因为没有一个民族对这种不公平感受之深比得上俄罗斯人民。

尤其是因为，俄罗斯民族是所有民族中最能体会基督精神的，而即将到来的革命必须以基督的名义实现博爱和联合的法则。可是，如果不遵循勿抗恶的原则，这个博爱的法则也实现不了。这种不抵抗主义（注意，我们往往错误地将这种态度视为托尔斯泰和几个空想家所特有的乌托邦思想）一直是俄罗斯人民的基本特点。

俄罗斯人对政府的态度，一贯与欧洲其他国家不同。

他们从不反对政府，尤其不参加政府，因而没有被污染。他们认为参政是应当避免的坏事。有一个古代传说，讲到俄罗斯人祈求瓦里亚基人来统治他们。大部分俄罗斯人素来宁愿忍受暴力行为，而不愿做出反应或参与暴力。因此他们一直都是顺民……

自愿地服从，和奴隶般地听命于人毫无共同之处。

真正的基督徒可以逆来顺受，根本谈不上非经过斗争才向暴力屈服。但他不能接受或承认暴力的合法性。

托尔斯泰写这几行文字的时候，正因目睹一个民族以英雄主义的不抵抗态度做出的壮举而激动不已。这就是1905年1月22日圣彼得堡的流血示威。手无寸铁的群众在东正教神甫加博内率领下，任由军警开枪镇压，没有一声仇恨的呼喊，没做出任何自卫的行动。

长期以来，在俄罗斯被人称为"顽固派"的老信徒尽管备受迫害，仍顽强地对政府采取不服从态度，拒绝承认政府的合法性。随着日俄战争的失败，这种心态不胫而走，蔓延到乡下农民之中。拒绝服兵役的案件不断增加。民众越是遭到残酷的镇压，内心的反叛情绪便越高涨。另外，各个省、各个民族，虽然不认识托尔斯泰，也纷纷起来主动或被动地拒绝服从政府的法令。从1898年起，高加索的杜霍博尔人，1905年前后古里的格鲁吉亚人，都是这样。这些运动对托尔斯泰的影响超过了托尔斯泰对它们的影响。而他的作品的意义，恰恰和革命党党员作家高尔基等所说的相反，他喊出了古俄罗斯民族的声音。

他对甘冒生命危险实行他所倡导的原则的人保持着非常谦恭有礼的态度。对杜霍博尔人、古里人和逃避服役的士兵，他全无教训的口吻。

没有经受任何考验的人，没有什么可教导正在接受考验的人。

他恳求一切因他的话语和文章而招致受难的人宽恕他。他从不鼓动人拒绝服兵役。每个人都应自己做出决定。如果他遇见某个人犹疑不决，"他总是劝人参军服役，只要不是思想上想不通就不要拒绝服从。"因为如果犹豫就说明还不成熟，"多一个士兵总比多一个伪君子或叛徒好，不自量力的人往往就是这样"。他怀疑逃兵龚察连科的决心，担心"这个年轻人这样做是自尊心和虚荣心作怪，而不是出自对上帝的爱"。他写信给杜霍博尔人，叫他们不要因骄傲和对舆论的顾忌而固执地拒绝服从，但"如果办得到，将他们的妻子儿女从痛苦中解救出来。谁也不会因此而责怪他们"。他们只应"当基督精神已经在他们心里扎根的时候才坚持，因为此时他们才会以受苦为乐"。在任何情况下，他都恳求受迫害的人"无论如何不要断绝与迫害他们的人之间的感情"。如他在一封致友人的信中所说，连希罗德也应该爱：

你说："人们不能爱希律王。"——我不知道，但我感到，你也一样，必须爱他。我知道，你也知道，如果我不爱他，我会痛苦，我心中便没有了生命。

这种神圣的纯洁，又永远那么热烈，即使《福音书》里"爱你的邻人像爱你自己一样"这样的词句，也不能让他感到满足，因为这句话里散发着自私自利的浊气！

在某些人看来，这种爱太泛了，把人类一切自私的成分都剔除干净，岂不流于空泛！

今天最大的罪孽是抽象地去爱人类，对离得很远的人泛泛地爱……爱我们所不认识也永远遇不上的人，那太容易了！不需做任何牺牲。同时还可对自己十分满意！简直是自欺欺人。——不！必须爱邻人——和你一起生活而又妨碍你的人。

我读过大部分研究托尔斯泰的著作，其中都说，他的哲学和他的信仰并非他的首创。不错，这些思想太美了，而且有永恒的价值，不可能像时下流行的新玩意儿……有些文章指出这些思想有乌托邦的性质。这也对，是乌托邦式的，和福音书一样。先知是理想主义者，在尘世便已过着永恒的生活。既然我们已经看到这种景象，既然我们发现最后一位先知已经来到我们中间，既然我们最伟大的艺术家额头戴上了光环，我觉得，这对世界来说，是一件比增添一门宗教或者一种新的哲学更特殊、更重要的事实。只有瞎子才看不见这个伟大的灵魂出现的奇迹，因为在这个由于仇恨使人民血流遍野的时代，他是人类博爱的化身！

他的面貌有了固定的特征，永远铭刻在人类的记忆之中。宽广的前额上两道微弯的皱纹，白色的双眉异常浓密，一部忠厚长者的胡须，使人想起摩西像。苍老的面庞变得平静、温和，留着病痛、忧伤和慈祥的痕迹。从二十岁时的粗野豪放、塞瓦斯托波尔从军时的呆板严肃，到现在的他改变有多大啊！但明亮的眼睛仍然锐利深沉，显得坦白直率、胸无城府，却又明察秋毫。

在去世前九年给东正教最高会议的一封复信（1901 年 4 月 17 日）中，托尔斯泰这样写道：

我之能够平静快乐地活着，并平静快乐地走向人生的终点，完全是我的信仰使然。

讲到这句话，我不由得想起一句古谚："人在未死之前绝不能称之为快乐。"

但他自诩的这种平静与快乐，始终忠实地与他相伴吗？

1905 年"伟大的革命"带来的希望破灭了。黑暗重重，期待的光明未能喷薄而出。革命的动荡过去，随之而来的是精力衰竭。以往不公平的现象丝毫没有改变，苦难却更加深重了。1906 年，托尔斯泰对俄罗斯斯拉夫人民的历史使命已经有点失去信心。他怀着坚强的信念向远方寻找其他可以担负这一使命的民族。他想到了"伟大而智慧的中国人民"。他相信"东方民族可以觅回西方民族几乎已经永远失去的自由"，相信中国将能引导亚洲各族人民，循着"道，非常道"的道路去完成人类转变的大业。

但他的希望很快便成为泡影。信奉老子和孔子的中国，如此前的日本，否定了自己古老的智慧，模仿起欧洲来。被迫害的杜霍博尔人移民到了加拿大，到了那里便立即恢复了私有制，引起托尔斯泰极大的愤慨；古里人刚刚摆脱国家的桎梏，便打击与他们持不同意见的人；俄国军队，使一切都恢复了秩序。甚至犹太人，"他们的祖国直到那时还是《圣经》，是一个人所能希冀的最美丽的国度"，也染上了复国主义的恶疾，这种错误的民族主义运动，是"当代欧洲主义产下的畸形儿"。托尔斯泰忧伤却没有失去勇气。他相信上帝，相信未来。

如果在一瞬间能使一片森林长起来，那就太好了，可惜这是不可能的，必须等待种子发芽，出苗，然后抽枝发叶，最后才长成一棵树。

要有许多树才能成为森林，而托尔斯泰只是孤身一人。他满载荣誉却势单力薄。人们从世界各地写信给他：回教各国、中国、日本，人们翻译《复活》，他"还地于民"的思想在这些国家中广泛流传。美国报章访问他，法国人就艺术或政教分离的问题咨询他的意见。但他的信徒不到三百，这一点他自己也知道，且并不刻意去追求。他的朋友想要组织托尔斯泰小组，他拒绝了。

不必你找我，我找你，而应该都走向上帝……你说："只要万众一心，什么都好办……"——更容易什么？……一齐耕地，割草，这都好办。可是要接近上帝，只能独自前行……我想象世界好比一座巨大的庙堂，光明自上而下照射下来，正好在中央。想要聚在一起，大家就必须走向光明。在那儿，我们来自四面八方的人，我们将和其他人不期而遇：欢乐就在其中。

从穹顶投射下来的光线里，有多少人聚集在一起呢？……无所谓！只要和上帝在一起，一个人也够了。

如同唯有燃烧着的物质才能将火传给别的物质，唯有一个人真正的信念和真正的生活，才能感染其他人并将真理传播开来。

也许吧。不过，这种一个人的信念到底在多大程度上能给托尔斯泰带来幸福呢？——直到晚年，他与歌德所推崇的清静平和相距何止万里！他似乎对这种心境抱有反感，避之不及。

能够做到不自满应该感谢上帝。但愿能永远如此！生活与理想的不统一恰恰是生命的标志，是从最渺小到最伟大、从至恶到至善这种上升运动的标志。这种不统一是善的前提。当人平静而自满自足时，恶也就来了。

于是他考虑这一小说题材，很奇怪，这正说明，列文或者皮埃尔·别祖霍夫难以释怀的焦虑依然在他身上作祟。

我常常设想，一个人在革命的圈子里长大，最先是革命者，继而成了民粹派、社会主义者、东正教徒、阿多斯山的僧侣，然后又成了无神论者、好父亲，最后是杜霍博尔人。他样样尝试，样样放弃；大家都嘲笑他。他什么也没做，默默无闻地在一个收容所死去。临死时，他想，这一辈子白过了。但是他是个圣人。

满怀信念的他，难道还有什么怀疑吗？——谁知道呢？对一个直到老年还身心强健的人来说，生命是不会停止在思想的某一点上的，它必须前进。

运动就是生命。

在他生命的最后几年，他身上发生了许多变化。他对革命者的看法是否有所改变？谁能说他的勿抗恶的信念丝毫没有动摇？——在《复活》中，涅赫柳多夫与政治犯的交往已经完全改变了他对俄国革命党的想法。

在这之前，他一直讨厌他们，他们残忍、隐瞒罪恶、行凶杀人，而且自满、虚荣得令人无法忍受。但当他就近仔细观察，看见当局如何对待他们的时候，便明白了他们这样做是不得已而为之。

他赞赏他们崇高的责任感、能无私奉献。

但自 1900 年起，革命浪潮汹涌澎湃，从知识分子开始，波及全国人民，鼓动起数以千计的贫苦大众。这支具有威胁性的大军，其先头部队就在亚斯纳亚·波利亚纳托尔斯泰窗下列队走过。《法兰西信使报》刊登了托尔斯泰晚年创作的三个短篇，从中可以隐约看到这种景象在他思想上引起的痛苦和惶惑。在图拉乡间，淳朴虔诚的进香者列队巡游的时代已经一去不复返，取而代之的是饥饿的流浪人群。他们每天不断涌来。托尔斯泰和他们谈话，惊讶地发现他们心中充满仇恨。他们不再像过去那样，将富人看做"施舍财物以求灵魂得救的善人，而是喝劳动者鲜血的强盗和暴徒"。这些人中，许多是受过教育、破了产、濒临绝境的人，他们什么都干得出来。

将使现代文明做出昔日匈奴和汪达尔人对古代文明所做的那种事的野蛮人，并非在荒漠和森林之中产生，而是在城郊陋屋和大路上出生和长大的。

亨利·乔治就是这样说的。托尔斯泰则补充说道："汪达尔人在俄罗斯已经整装待发。在我们笃信宗教的民众中，这些人显得格外可怕，因为我们不懂得适可而止，而在欧洲民众中，行为法度和公众舆论已发展得相当成熟。"

托尔斯泰经常收到造反人士的信，抗议他的勿抗恶理论，他们说，对统治者和富人给民众造成的伤害，只能这样回答："复仇！复仇！复仇！"——托尔斯泰还谴责他们吗？我们不得而知。但几天后，当他看见村里的穷人因茶炊和羊只被抢而哭哭啼啼、当局却无动于衷时，他也不禁发出抗议的吼声，反对刽子手，反对"那些高官和他们的爪牙，这些人只忙于贩酒谋利，或者教唆屠杀，或者判处他人流放、入狱、服苦役或上绞刑架。这些人深信从穷苦人那里没收来的茶炊、牛羊、布帛，更适宜用来蒸馏酒精毒害人民、制造杀伤武器、修建监狱、苦役场，尤其是用来犒赏他们的帮凶，给予封官加薪"。

令人痛心的是，当你一辈子都在期待和宣布爱的世界必将来临，而看到可怕的景象并感到惶惑时，却不得不闭上眼睛。更令人伤感的是，当一个人如托尔斯泰那样具有真正的良知，也不得不承认，他的生活与他的原则并不相符。

这里，我们触及了他晚年（是否该说他最后三十年呢？）的最大痛处，我们只能用虔敬的手小心翼翼地轻轻触碰，因为这是托尔斯泰力图不让人知道的痛楚，它不仅属于已故者，也属于其他仍然活着、为他所爱、且也爱着他的人。

他始终未能以他的信念感染他的至亲至爱者，他的妻子和他的孩子。我们已经看到，他忠实的伴侣勇敢地与他分担生活的重负和艰苦的艺术创作，但对他放弃艺术的信念，而选择另一种她所不理解的信念感到痛苦。托尔斯泰本人又何尝不因自己最好的伴侣不理解他而倍感哀伤呢。他曾经写信给捷涅罗莫说：

我全身心感受到下面这几句话所道出的真理：夫妻并非分离的个体，而是一个整体……我热切希望能把我有可能借以超脱人生痛苦的宗教意识传递一部分给我妻子。我希望不是由我来传递，而是由上帝来传递，尽管这种意识难以为女人所接受。

这一愿望似乎并未实现，托尔斯泰伯爵夫人欣赏并热爱这位和她"合而为一"的伟大人物，爱他的心地纯洁、英勇憨直、宅心仁厚。她看见"他走在人群的前面并指出人类该走的道路"。当东正教最高会议将他逐出教门的时候，她勇敢地为他辩护，和他分担威胁他的危险。但她不能勉强自己相信她并不相信的东西。托尔斯泰太真诚了，绝不会强迫她佯装相信，在信仰和爱的问题上，他恨虚伪甚于根本否定信仰和爱。她既然不信，又怎能强迫她改变她的生活，牺牲她自己和她儿女的前途呢？

和孩子们之间隔阂就更深了。勒鲁瓦－博里厄曾去亚斯纳亚·波里亚纳托尔斯泰家。他说："餐桌上，做父亲的说话时，几个儿子便掩饰不住不耐烦和不相信的表情。"他的信念只能稍稍打动他的三个女儿，其中一个名叫玛丽的已经死了。他在家人中精神上很孤立，理解他的"只有他的小女儿和他的医生"。这种思想上的距离使他十分痛苦，还有强加于他的那些社交活动，来自世界各地的让人厌烦的客人，令他疲于应付的美国人和时髦人士。还有他不得不过的"豪华"的家庭生活，也让他受不了。而根据去过他家的人叙述，这种"豪华"实在很有限。屋里的家具十分简单，他们卧室很小，只有一张铁床，几把可怜巴巴的椅子，四壁空空，什么也没有！但这样的舒适也已成为他的负担，让他总是耿耿于怀。他发表在《法兰西信使报》上的第二篇文章里，他将周围穷困的景象和自己家的豪华痛苦地作了对比。1903年，他曾经这样写道：

我的活动不管某些人看来如何有益，其意义已丧失过半，因为我的生活并不完全符合我所倡导的原则。

为什么不实现生活与原则一致呢？如果不能够强迫家人离开上流社会，他自己为何不离开家人和他们的生活呢？这样不就可以使那些喜欢拿他做例子，肆意否定其理论的敌人，无法再揶揄他，说他虚伪了吗？

　　这一点他早想过了。很久以前，他就曾下过决心。最近，有人找到并出版了 1897 年 6 月 8 日他写给妻子的一封精彩的信，应该在这里全文抄录出来。没有什么比这封信更能披露这个充满爱心而又被痛苦折磨的人心中的秘密了。

　　亲爱的苏菲，长期以来，我一直为我的生活与我的信仰不一致而苦恼。我不能强迫你改变你的生活和习惯。直到目前为止，我也不能离开你，因为我想：孩子们还小，如果我一走，连我对他们的一丝丝影响也被剥夺了，而且这样我会给你们大家带来很大的痛苦。但我无法继续这十六年所过的生活，时而和你们怄气，招你们不高兴，时而屈服于周围我已习惯的影响和诱惑。我现在决定做我长久以来想做的事，那就是走……如同印度人一样，到了六十岁便到树林里隐居，像每一个笃信宗教的老人那样，自愿将余年奉献给上帝，而不是消磨在开玩笑、耍文字游戏、说闲话、打网球之类的事上。我已年届七十，总想尽我的心力去获得宁静、孤独，即使我整个生活还未能完全符合我的良知，至少不致和我的良知大相径庭。如果我公开出走，你们一定会求我留下，一番争论后，我又会软下来，也许就不会再去实践应该实践的决心。因此，如果我的行动使你们不快，我请求你们原谅。尤其你，苏菲，让我去吧，不要去找我，不要恨我，也不要责怪我。我离开你这个事实，并不说明我对你不满……我知道，你不可能，不可能与我的看法和想法一致。因此你不能改变你的生活，不能为你们不承认的东西做出牺牲。我不怪你。相反，我怀着挚爱与感激之情回忆起我们三十五年的共同生活，尤其是这个时期的前半部分，你以天生的做母亲的勇气和忠诚，毅然担负起你的使命。你将你能付出的一切给予了我，给予了世界。你付出了巨大的母爱，做出了伟大的牺牲……但是，在我们生活的最后阶段，在最近这十五年，我们分道扬镳了。我不认为这是我的错。我知道我变了，并非为我自己，也不是为别人，而是因为我不能不这样做。我不能责怪你没有跟随我。我感谢你。我将永远怀着爱意回忆起你给予我的一切。——别了，我亲爱的苏菲。我爱你。

　　"我离开你并不表示……"实际并没有离开。——可怜的信！他似乎觉得只要写了这封信，他的决心也就完成了……信写完，他下决心的全部力量也已经用尽。——"如果我公开出走，你们一定会求我别走，我会软下来……"其实不需要求，不需要争论，片刻工夫之后，只要看看他想要离开的人们，他便觉得他不能，不能离开他们。他将放在口袋里的信塞进抽屉，上面写道：

　　待我死后，请将这封信交给我妻子苏菲·安得烈叶夫娜。

　　他出走的计划便到此为止。

　　难道他只有这点儿力量？难道他不能为上帝牺牲他的温情？——诚然，在基督徒的名人谱中，不乏心坚如石的圣者，他们毫不犹豫地抛弃自己的和别人的感情……有什么办法？他不是这种人，他软弱，他是人。正因如此，我们才爱他。

十五年前，在撕心裂肺的一页中，他问自己：

——喂，列夫·托尔斯泰，你是否按照你标榜的原则去生活呢？

接着，他心情沉重地回答：

我羞愧欲死，我有罪，我应该受到蔑视……不过，请比较一下我从前的生活和今日的生活，你会知道，我在努力按上帝的律法生活。我做的还不到该做的千分之一。我感到羞惭，并不是我不想做，而是因为我做不到……谴责我吧，但别责怪我所走的道路。如果我认识通向我家的道路，而我像醉鬼一样走得跌跌撞撞，难道这意味着道路不好吗？要么给我指出另一条路，要么支持我走真正的路，就像我打算支持你一样。但请不要打击我的信心，不要对我的挫折幸灾乐祸，不要大叫大嚷说："瞧呀！他说要往家走。却掉进泥淖里了！"不，不要幸灾乐祸，要帮助我，支持我！……帮助我吧！我们大家都迷失了方向，我的心绝望得要碎了。当我竭尽全力想走出泥淖时，你对我的每次差错非但不同情，反而指着我大喊："看呀，他也和我们一起掉进泥坑了！"

死期更迫近时，他又说：

我不是圣人，我从不自命为这样的人。我是一个随大流的人，有时我没有把自己的思想和感受全部说出来，并非是不愿，而是不能。因为常常会夸大或弄错。我的行动就更糟了。我是一个非常软弱的人，有好些坏习惯，想要供奉真理之神，却总是磕磕绊绊。如果把我当成不会犯错误的人，那么我的每一个错误就像是一段谎言或者一种虚伪了。假如把我看做一个软弱的人，那么就能反映我的真实面貌：一个可怜但真诚的人，一直全心全意地想要成为一个好人，一个上帝的好仆人。

就这样，他为内疚所折磨，为比他更刚毅但不如他那么有人情味的门徒无声的责备所困扰，为自己的软弱和优柔寡断而伤心，在爱家人与爱上帝之间左右为难。直到有一天，一时的绝望，也许是临死前的一阵炽热的狂风将他刮出家门，来到路上，流浪、逃走、敲一座修道院的门。然后继续上路，终于在一个不知名的小地方倒在路上，再也站不起来。在弥留的床上，他哭了，不是哭自己，而是哭天下不幸的人。他一面号啕大哭，一面说道：

大地上有千百万的人在受苦，你们为什么都在这儿照顾一个列夫·托尔斯泰呢？

于是，1910 年 11 月 20 日，早上六时过后不久，他称之为"解脱"的时刻来了，"死亡，值得赞美的死亡……"来了。

名师伴你读

品读与赏析

即使是持有一种批评的态度，但托尔斯泰从未舍弃过艺术，艺术是他生命中的一个调剂。他始终希望在理想和现实中寻得一种平衡，但他的这些思想有乌托邦的性质。他始终未能以他的信念感染他的至亲至爱者——他的妻子和他的孩子，连他们都无法理解托尔斯泰。托尔斯泰怀着坚强的信念向远方寻找其他可以担负这一使命的民族，但当他找到中国时，他又一次失望了。托尔斯泰是一个伟大的作家，但更是一位思想家。面对与自己理想不合的"豪华"物质生活，他想到要出走，却又没有决绝的勇气，终于在挣扎中"解脱"了。

托尔斯泰弥留之际号啕大哭着对亲人们说："大地上有千百万的人在受苦，你们为什么都在这儿照顾一个列夫·托尔斯泰呢？"读来令人肃然起敬。

学习与借鉴

1. 肖像描写：如，本节中关于托尔斯泰老年时面貌特征的描写，就十分逼真、传神。肖像的变化反映了人物内心思想的变化。

2. 引用修辞：本节中，作者大量引用托尔斯泰的言语，甚至完整地录用托尔斯泰的书信来展示主人公的内心世界，这样做更具真实性，令人信服。

伟人生命的最后

托尔斯泰的一生就像一场战斗，他生命的全部力量，所有的罪过和善行都参与了这场既光荣又具悲剧性的战斗。

起先是迷醉的放任自由，爱情的魂不守舍与狂乱，永恒的幻象，在高加索、塞瓦斯托波尔的岁月，动荡的青年时代……以及结婚头几年平静的生活。爱情、艺术、大自然的结晶——《战争与和平》等，正是这片天空吸引着他。

有的人长着强健的翅膀，因凡心未泯而坠落人间，折断了翅膀，譬如我就是。然后，他们扇动折断的翅膀，奋力飞起，却又跌了下来。翅膀一定会痊愈，我仍会振翅高飞。愿上帝助我！

这些话是在最可怕的暴风雨时代写下的。托尔斯泰不止一次摔倒在地，折断了翅膀。但他总是重新起飞，用理智与信念这两支巨翅翱翔，一次又一次地飞向深邃的天空。可是，他没有找到属于自己的安宁。尽管如此，他毅然满怀热情地舍弃，从而又满怀热情地生活。他"为生而狂"，"为生而醉"。他不再仅仅写几个小说中的典型人物，而是攻击所有高大的偶像。虚伪的宗教、国家、科学、艺术、自由主义、社会主义、平民教育、慈善事业、和平主义，等等，他都给予鞭挞和无情的抨击。

古往今来，世界上出现过许多伟大的思想叛逆者，他们像先驱者约翰那样咒骂腐败的文明。最近的一位是卢梭，他热爱大自然，仇恨现代社会，珍惜独立，极力推崇福音书和基督教的伦理道德。托尔斯泰自称

名师导读

托尔斯泰把思想比喻为"翅膀"，虽然在思想上很有见地，但是终因爱情、家庭等的牵绊，而使自己的愿望没有实现。【比喻修辞】

名师导读

师承卢梭。他说:"他的文章有许多地方深深打动我的内心,我觉得好像就是我写的。"

但他们二人毕竟有很大的不同。托尔斯泰是更纯粹的基督教精神!请看日内瓦人卢梭在其《忏悔录》中的这句话:

永恒的上帝!天下只有一个人敢对你说:我比那个人强多了!

他还挑战般向世人说:

我无畏地大声宣告:谁敢认为我是不诚实的人,他自己便是个该死的东西。

托尔斯泰却为他自己过去生活中的"罪过"痛哭流涕:

> 将托尔斯泰与卢梭进行对比,突出托尔斯泰拥有更纯粹的基督教精神。【对比修辞】

我感受到入地狱般的痛苦。我想起了过去所有的卑鄙行径,这些回忆如影相随,使我难以平静。一般人都遗憾死后记忆便烟消云散。其实能这样该有多好!如果死后我还能回忆起在人间作过的孽,那该多么痛苦!……

在卢梭背后,在天鹅岛铜像的周围,我们看见的是日内瓦的圣彼得和加尔文的罗马。而在托尔斯泰身上,我们却看到了朝圣者、虔诚的教徒,他们天真的忏悔和眼泪曾使童年时代的托尔斯泰感动不已。

他和卢梭有一点是共同的,就是反对社会,但托尔斯泰生命的最后三十年还进行过另一场战斗,那就是他头脑中两股最强的力量——真理和爱情之间动人心魄的一场斗争。

真理——"这看到灵魂深处的目光",这看透你内心的、明亮的灰色眼睛……真理是他最早的信仰,他艺术的王后。

我著作中的女主人公,我全心全意爱恋的,过去、现在、将来、永远美好的女主人公就是真理。

但不久,"残酷的真理"对他已经不够。爱取代了它的位置。爱是他童年时代的生命之源,"他灵魂的自然境界"。1880年,当他思想出现混乱时,他并未舍弃真理,而是向爱敞开真理的大门。

爱深入到真理之中，这就是他中期杰作的唯一价值。他的现实主义与福楼拜的现实主义区别就在于此。福楼拜尽力不去爱他书中的人物。这样，不管他多么伟大，他总缺少光明！太阳的光还不够，必须要有心灵之光。托尔斯泰的现实主义体现在每一个人物身上，以他们的眼光去看他们时，在最坏的人身上，都能看到爱他们的理由，并且使我们感觉到我们和所有人之间都存在兄弟般的关系。通过爱，他参透了生命的根源。但这种关系很难维持。有时，生命的景象和痛苦是那么难于承受，简直成了对爱的一种挑战。为了挽救爱，挽救信仰，不得不将信仰提高到社会之上，以至于产生脱离社会的危险。而这位天赋慧根、注定能看到真理和不能不看到真理的人怎么办？托尔斯泰晚年时，锐利的目光看到了现实的可怖，而热诚的心仍继续等待和证明有爱的存在。眼睛所见和心之所感总在矛盾之中，托尔斯泰的痛苦，谁又能说得出来呢？

要真理，还是要爱。而通常的解决办法是既牺牲了真理，也牺牲了爱。

托尔斯泰从未背叛过这两种信念中的任何一个。在他成熟时期的作品中，爱是真理的火炬。而在晚期的作品中，爱是天上的光，照亮人生，但不再和人生融合在一起。这一点我们在《复活》中可以看到：信念控制着现实，但始终在现实之外。每当托尔斯泰注视他所描绘的那一张张个别的脸时，这些人显得软弱、平庸，但他一旦进行抽象的思考，这些人便圣洁得像天神一样。——他的日常生活也和他的艺术一样出现这种矛盾，而且更为严重。尽管他知道爱要他干什么，他的行动总是背道而驰。他并不按照上帝的规定生活，而是按照社会的习惯生活。就说爱吧，怎能把握住爱呢？爱的面目千变万化，种类各个不同，教人如何辨别？是家庭的爱，还是全人类的爱？……直到最后一天，他都在这些选择中彷徨。

解决的办法在哪儿？——他没找到。让那些骄傲的知识分子去轻蔑地给他下结论吧。诚然，他们找到

名师导读

通过托尔斯泰与福楼拜的对比突出前者对作品人物的态度以及对真理与爱的理解。【对比修辞】

用问句表达出托尔斯泰内心的矛盾与彷徨，这是他痛苦的根源。【主题表达】

了解决的办法，找到了真理，而且很有信心地牢牢把握住。对他们来说，托尔斯泰是一个弱者，一个多愁善感的人，不足为训。当然，他不是他们能效法的榜样：他们没有足够的生命力。托尔斯泰不属于有虚荣心的精英，不属于任何教会；不是他称之为律法家的那一派，也不是有这样那样信仰的法利赛人。他是自由基督徒最崇高的典型，终其一生都努力追求一个愈来愈远的理想。

托尔斯泰并不同思想的特权者们说话，而是说给普通人听的，他是我们的良知。他说出我们这些普通人的想法和我们所不敢正视的内心的声音。对我们来说，他不是一位骄傲的大师，不是高踞艺术和智慧宝座之上傲视一切的天才。正如他在信中喜欢自称的那样，他有一个最美、最温馨的名字，就是"我们的兄弟"。

> 这句话是文章的总结语，表达出作者对大师及艺术的真正看法，对托尔斯泰给予了很高的评价。【语句理解】

名师伴你读

品读与赏析

托尔斯泰的思想是反社会的，他用爱关照一切事物，但同时他的思想却又是和这个世界所不相容的。他的一生就像一场战斗，他一次次去冲击，但都是无果而终。他反对思想上的特权者，甚至连君主也是他嘲讽的对象。他的话语始终是对着普通民众的。托尔斯泰的一生都是在迷茫中探索，在失望中追寻。要真理还是要爱，托尔斯泰在两难的抉择中往往是都失去了，使他的人生多了一丝悲剧的色彩。

学习与借鉴

1. 概括性语句的运用：运用概括性的语句揭示主题或者总结段落。比如，本节的一开始就说"托尔斯泰的一生就像一场战斗，他生命的全部力量，所有的罪过和善行都参与了这场既光荣又具悲剧性的战斗"，就具有精准的概括性。

2. 直接抒情：用直抒胸臆的语句来充分表达对伟人的赞颂。如本节的最后一句，就是作者情不自禁而发出的对托尔斯泰的颂词。

名著知识要点

作者及年代	罗曼·罗兰（1866—1944），法国思想家、文学家、作家、音乐评论家和社会活动家。
地位与影响	罗曼·罗兰是法国现代最重要的作家之一。1915年，为了表彰"他的文学作品中的高尚理想和他在描绘不同类型人物所具有的同情和对真理的热爱"，罗曼·罗兰被授予诺贝尔文学奖。
人物形象	贝多芬：世界著名音乐大师，对音乐执著追求，在双耳失聪的情况下创造了音乐史上辉煌的篇章。 米开朗基罗：意大利文艺复兴时代伟大的雕刻家、画家、建筑家，具有非凡的创造力，制作了《酒神》、《哀悼基督》等雕塑。 托尔斯泰：俄国伟大的文学家，用六年时间完成了《战争与和平》，之后又推出了《安娜·卡列尼娜》、《复活》等巨著。
内容概要	这部传记中，作者用心描述了三位伟大艺术家对艺术的崇高追求，对生命中苦难的承受，让读者看到了这些高大伟岸的身躯背后所隐藏的痛苦。他们经受着生命的各种洗礼，甚至遭受了超越常人的磨难，但他们依然留下了宝贵的艺术财富。
主要艺术特色	充满激情，意蕴深刻 语言精练，富有哲理 表现人物的手法独特 学术性与文学性并重

阅读达标测试

1. 根据文章内容把相关的信息进行连线。

《酒神》　　　　　贝多芬　　　　　　雕塑家

《战争与和平》　　米开朗基罗　　　　文学家

《英雄交响曲》　　托尔斯泰　　　　　音乐家

2.《名人传》是法国著名作家_____所著的_____、_____和_____三部传记的合称。

3. 选出下列说法错误的一项（　　）

A.《名人传》既是一部学术著作又是一部文学作品。

B. 罗曼·罗兰是法国著名作家、音乐评论家、社会活动家。1915 年，他获得诺贝尔文学奖。

C.《名人传》被评为"人类有史以来三十本最佳书"之一。

D.《贝多芬传》、《米开朗基罗传》、《托尔斯泰传》是三部互相独立互不相连的三部人物传记。

参 考 答 案

1.《酒神》——米开朗基罗——雕塑家

　《英雄交响曲》——贝多芬——音乐家

　《战争与和平》——托尔斯泰——文学家

2. 罗曼·罗兰　《贝多芬传》　《米开朗基罗传》　《列夫·托尔斯泰传》

3. D